Die Änderungen der sozialen Versicherungsgesetze seit Ausbruch des Krieges

Von

Versicherungsamtmann **Dr. Jaeger**
München

Berlin.
Verlag von Julius Springer
1920.

Sonderabdruck aus der Monatsschrift für Arbeiter- und Angestellten-Versicherung 1919, VII. Jahrgang, Heft 11

ISBN-13: 978-3-642-94002-6 e-ISBN-13: 978-3-642-94402-4

DOI: 10.1007/ 978-3-642-94402-4

In den knapp acht Jahren, die seit der Verkündung der RVO. und des AVG. verflossen sind, haben beide Gesetze wesentliche Änderungen ihres Textes zu verzeichnen. Der Weltkrieg mit seiner aus der Not der Zeit gebotenen Anpassung an die geänderten Verhältnisse der Versicherten, die aus der Abschnürung vom Weltmarkt und der allgemeinen Teuerung sich ergebende erhöhte Berücksichtigung der wirtschaftlichen Lage der versicherungspflichtigen Bevölkerung vom Standpunkt der Bevölkerungspolitik aus, die politische Umwälzung mit ihrem Hervortreten politischer Gruppen, denen Sozialpolitik von jeher eine der wichtigsten Aufgaben war, die aber über ihre Durchführung sehr oft durchaus anderer Anschauungen waren als die bisher maßgebenden Kreise, brachten von selbst zahlreiche Änderungen und Ergänzungen des bestehenden Wortlauts der Gesetze mit sich. In den Ausgaben von mehr als vier Jahren des Reichsgesetzblatts sind die einzelnen Gesetze, Verordnungen und Bekanntmachungen verstreut; eine systematische Darstellung der einzelnen Änderungen, ein Überblick dessen, was nunmehr Rechtens ist, wurde bisher noch nicht gegeben. Sie erscheint schon deswegen nicht unerwünscht, weil mit einer Neuherausgabe des Gesetzestextes durch die Reichsregierung in nächster Zeit nicht zu rechnen sein wird. Dieser Überblick soll in Nachstehendem zu geben versucht werden. Dabei sollen diejenigen Kriegsgesetze, welche nicht dauernd zu berücksichtigende Änderungen geschaffen haben, nur soweit in Betracht gezogen werden, als diesen Änderungen eine noch für längere oder kürzere Zeit innewohnende Nachwirkung zukommt.

A. Reichsversicherungsordnung.

I. Allgemeines.

§ 16. Die im Gesetz vorgesehene vierjährige Wahlperiode der Amtsdauer der Vertreter der Unternehmer oder anderen Arbeitgeber und der Versicherten bei Versicherungsbehörden und Versicherungsträgern sowie der nichtständigen Mitglieder des RVA. und der LVÄmter, auf Grund deren spätestens in dem Jahre 1916 bis 1918 Neuwahlen hätten stattfinden müssen, ist für die gegenwärtig amtierenden, aus den letzten unter dem IVG. gehaltenen Wahlen oder aus Wahlen der Jahre 1912 bis 1914 hervorgegangenen Vertreter bis zum Ende des Jahres festgesetzt, das dem Jahre folgt, in welchem der Krieg beendet ist, d. i. voraussichtlich bis zum 31. XII. 20 (Bek. v. 11. I. 17, RGBl. S. 39).

§ 29. Das Gesetz sieht im allgemeinen vor, daß der Anspruch auf Rückstände, soweit sie nicht absichtlich hinterzogen sind, in zwei Jahren nach Ablauf des Kalenderjahrs der Fälligkeit verjährt. Rückständige Pflichtbeiträge zur Invalidenversicherung, die von Kriegsteilnehmern bei Beginn der Kriegsdienstleistung noch hätten nachentrichtet werden können oder an deren Entrichtung während des Krieges sonstige Personen deutscher oder österreichisch-ungarischer Staatsangehörigkeit durch Maßnahmen feindlicher Staaten gehindert waren, dürfen noch bis zum Schlusse des Kalenderjahrs nachentrichtet werden, das dem Jahre folgt, in dem der Krieg beendet ist, d. i. voraussichtlich bis zum 31. XII. 20 (§ 4 der Bek. v. 23. XII. 15, RGBl.

S. 845). Nicht vor dem gleichen Zeitpunkt verjähren auch alle am 8. XII. 16 noch nicht verjährten sonstigen Rückstände (Bek. v. 2. XII. 16, RGBl. S. 1341).

§ 50. Der Vorsitzende des VersAmts kann Versicherungsvertreter aus der Zahl der Wählbaren auch dann berufen, wenn es sich um die Ergänzung einer nicht mehr ausreichenden Zahl der gewählten Vertreter handelt (§ 2 Bek. v. 12. VIII. 15, RGBl. S. 497*).

§ 76. S. o. zu § 50.

§ 80. Für Spruchsachen im Einspruchsverfahren gegen ablehnende Bescheide der Berufsgenossenschaften bei Anträgen auf Gewährung von Zulagen zu den Verletztenrenten (s. u. § 559) ist ein Pauschbetrag an das ObVersAmt nicht zu entrichten (§ 3 Abs. 4 Bek. v. 17. I. 18, RGBl. S. 31, i. d. Fassung d. Bek. v. 2. XII. 18, RGBl. S. 1398).

§ 95. S. o. zu § 50.

§ 151. Die in § 151 Abs. 1 Satz 1 nur bis 31. XII. 14 vorgesehene Gültigkeitsdauer der erstmaligen Festsetzung der Ortslöhne ist bis zum Schlusse des Kalenderjahrs verlängert, das dem Jahre folgt, in welchem der Krieg beendet ist, d. i. voraussichtlich bis zum 31. XII. 20 (Bek. v. 3. VII. 16, RGBl. S. 658).

II. Krankenversicherung.

§ 165. Mit Wirkung vom 2. XII. 18 an ist die für die Versicherungspflicht maßgebende Höchstgrenze des regelmäßigen Jahresarbeitsverdienstes von 2500 auf 5000 ℳ erhöht worden (§ 1 VO. v. 22. XI. 18, RGBl. S. 1321)**).

---

*) Gilt auch für die Beisitzer der OVÄ. (§ 76), die nichtständigen Mitglieder des RVA. (§ 95), die Versichertenvertreter bei der Unfallverhütung (§ 861) und die Versicherungsvertreter im Ausschuß der LVAnstn. (§ 1359).

**) Diejenigen seit Beginn des Weltkriegs in Deutschland befindlichen Angehörigen feindlicher Staaten, welche als solche durch Anordnung deutscher Behörden in ihrer persönlichen Freiheit beschränkt und deshalb als unfreie Personen nicht nach den Vorschriften

§§ 169, 170. Das bisherige Recht sah vor, daß Beschäftigte in Betrieben oder im Dienste des Reichs, eines Bundesstaats, eines Gemeindeverbandes, einer Gemeinde oder eines Versicherungsträgers als versicherungsfrei galten, wenn ihnen gegen ihren Arbeitgeber ein Anspruch mindestens entweder auf Krankenhilfe in Höhe und Dauer der Regelleistungen der Krankenkassen oder für die gleiche Zeit Gehalt, Ruhegeld, Wartegeld oder ähnliche Bezüge in $1^1/_2$ fachem Betrage des Krankengeldes gewährleistet war. Hinsichtlich der in Betrieben oder in Diensten anderer öffentlicher Verbände oder öffentlicher Körperschaften Beschäftigten, ferner hinsichtlich der Beamten und Bediensteten der landesherrlichen Hof-, Domanial-, Kameral-, Forst- und ähnlicher Verwaltungen, der Herzoglich Braunschweigischen Landschaft und der Fürstlich Hohenzollernschen Fideikommißverwaltung konnte unter den gleichen Voraussetzungen die Befreiung von der Versicherungs-

der RVO. über die KV. versicherungspflichtig oder versicherungsberechtigt waren, wurden diesen Vorschriften durch die Bek. v. 2. XI. 16 (RGBl. S. 1247) mit Wirkung ab 20. XI. 16 unterstellt. Ebenso waren ab 12. II. 17 diejenigen Angehörigen feindlicher Staaten, welche, ohne Kriegsgefangene zu sein, auf Grund von Maßnahmen der deutschen Heeresverwaltung zum Zwecke ihrer Beschäftigung nach Deutschland gekommen oder überführt worden sind, soweit sie wegen der durch diese Maßnahmen bedingten Gestalt ihres Arbeitsverhältnisses nicht als versichert i. S. der RVO. galten, den Vorschriften der KV. unterstellt (§ 1 Bek. v. 25. I. 17, RGBl. S. 79).

Deutsche Arbeiter, die während des Weltkriegs in dem von deutschen Truppen besetzten Ausland von deutschen Unternehmern für Zwecke des deutschen Heeres oder der Marine beschäftigt wurden, waren, sofern sie nicht unständig Beschäftigte oder bereits nach der RVO. im Inland versichert waren, wenn sie bei einer gleichen Beschäftigung im Inland der reichsgesetzlichen KV. unterlegen wären, ab 15. I. 17 gegen Krankheit versichert; diese Versicherung ist, soweit nach der RVO. der Erwerb von Rechten davon abhängt, daß eine Versicherung gegen Krankheit von bestimmter Dauer vorangegangen ist, einer Versicherung auf Grund der RVO. gleichgestellt (§§ 1, 7, 10 Bek. v. 14. XII. 16, RGBl. S. 1383).

Die im vaterländischen Hilfsdienst beschäftigten Personen unterlagen, auch wenn sie nicht hilfsdienstpflichtig i. S. des § 1 des Ges. v. 5. XII. 16 über den vaterländischen Hilfsdienst (RGBl. S. 1333) waren, den Vorschriften der RVO. über die KV. (§ 1 VO. v. 24. II. 17, RGBl. S. 171) pflicht auf Antrag des Arbeitgebers durch die oberste Verwaltungsbehörde ausgesprochen werden.

Hier tritt nun mit Wirkung vom 17. II. 19 eine Änderung in der Richtung ein, daß grundsätzlich nur mehr Beamte versicherungsfrei sind oder auf Antrag des Arbeitgebers von der Versicherungspflicht befreit werden können, daß aber hinsichtlich der übrigen Beschäftigten nur diejenigen hiervon betroffen werden, „die auf Lebenszeit oder nach Landesrecht unwiderruflich oder mit Anrecht auf Ruhegehalt angestellt sind“ (§§ 1, 2 der VO. v. 3. II. 19, RGBl. S. 191). Ist jedoch Beschäftigten, die ohne Beamteneigenschaft und nicht auf Lebenszeit oder nach Landesrecht unwiderruflich oder mit Anrecht auf Ruhegehalt angestellt sind, gegen ihren Arbeitgeber einer der im § 169 bezeichneten Ansprüche gewährleistet, so kann ihnen der Arbeitgeber das Krankengeld auf die Barbezüge anrechnen, die er ihnen während der Krankheit weiterzuzahlen hat. Diese Anrechnung ist nicht zulässig, soweit der Anspruch auf einer gesetzlichen Verpflichtung beruht (§ 5 VO. v. 3. II. 19, RGBl. S. 191). Gleichzeitig wurde in § 170 eine aus den politischen Verhältnissen sich ergebende Berichtigung vorgenommen, indem vor den Worten „landesherrliche ... Verwaltungen“ und „Herzoglich Braunschweigische Landschaft“ das Wörtchen „bisher“ eingefügt wurde (§ 2 VO. v. 3. II. 19, RGBl. S. 191).

§ 171. Entsprechend der neuerdings vom Gesetzgeber betonten Absicht, die ohne Beamteneigenschaft beschäftigten Personen im allgemeinen der Krankenversicherungspflicht zu unterwerfen, sind in § 171, der bisher vorsah, daß „die oberste Verwaltungsbehörde auf Antrag des Arbeitgebers bestimmen kann, wieweit auch die in Betrieben oder im Dienste nicht öffentlicher Körperschaften oder als Lehrer und Erzieher an nicht öffentlichen Schulen oder Anstalten Beschäftigten versicherungsfrei sind, wenn ihnen gegen ihren Arbeitgeber einer der im § 169 bezeichneten Ansprüche gewährleistet ist oder sie lediglich für ihren Beruf ausgebildet werden", die Worte: „in Betrieben oder im Dienste nicht öffentlicher Körperschaften oder" mit Wirkung ab 17. II. 19 gestrichen, und ist die Befreiungsmöglichkeit nurmehr hinsichtlich der Lehrer und Erzieher vorgesehen (§ 3 VO. v. 3. II. 19, RGBl. S. 191).

§ 173. Die bisherige Voraussetzung für die Befreiung nach § 173, das Vorliegen einer auf die Dauer nur geringen Arbeitsfähigkeit ist mit Wirkung vom 17. II. 19, hinsichtlich bereits ausgesprochener Befreiungen mit Wirkung ab 29. VI. 19, neuerdings schärfer gefaßt und dahin abgeändert worden, daß der Bezug einer Invalidenrente oder der sonstige Nachweis dauernder Invalidität im Sinne des § 1255 Abs. 2 RVO. gefordert wird. Auch ist die Entscheidung über den Antrag auf Befreiung aus den Händen des Kassenvorstandes genommen und dem VersAmte (Beschlußausschuß) übertragen worden, das den Kassenvorstand lediglich zu hören hat. Die Befreiung, die auch weiterhin von der Zustimmung des vorläufig unterstützungspflichtigen Armenverbandes abhängig bleibt, wirkt wie bisher vom Eingang des Antrags ab; die Beschwerde geht jedoch nunmehr an das endgültig entscheidende ObVersAmt (§§ 6, 7 VO. v. 3. II. 19, RGBl. S. 191).

§ 175. Als natürliche Folge dieser Änderungen ergab sich in § 175 die Streichung des Hinweises auf § 173 (§ 7 VO. v. 3. II. 19, RGBl. S. 91).

§ 178. Die Beschränkung der Versicherungsberechtigung auf ein regelmäßiges jährliches Gesamteinkommen von nicht mehr als 4000 ℳ ist seit dem 2. XII. 18 aufgehoben (§ 2 VO. v. 22. XI. 18, RGBl. S. 1321).

§ 179. Infolge der Übernahme der Reichswochenhilfe in die RVO. durch das Gesetz vom 26. IX. 19 über Wochenhilfe und Wochenfürsorge (RGBl. S. 1757) war es nötig, in § 179 Abs. 1 den dort genannten Leistungen der Krankenkassen, welche den Gegenstand der Versicherung bilden, die Worte „Wochenhilfe und Familienhilfe“ hinzuzufügen (§ 1 d. Ges. v. 26. IX. 19, RGBl. S. 1757).

§ 180. Die Höchstgrenzen für die Festsetzung des Grundlohns sind durch § 1 der VO. v. 22. XI. 17 (RGBl. S. 1085) erhöht worden, und zwar wurde der nach dem durchschnittlichen Tagesentgelte derjenigen Klassen Versicherter, für welche die Kasse errichtet ist, bemessene Grundlohn (§ 180 Abs. 1) von fünf auf acht Mark, der nach der verschiedenen Lohnhöhe der Versicherten stufenweise (§ 180 Abs. 2) und der nach dem wirklichen Arbeitsverdienste der einzelnen Versicherten (§ 180 Abs. 4) festgesetzte Grundlohn von acht auf zehn Mark erhöht.

§ 191. Die Möglichkeit, das Krankengeld durch die Satzung über die in § 182 vorgesehene Regelleistung von $^1/_2$ des Grundlohns hinaus zu erhöhen, erfuhr durch § 3 der Bek. v. 22. XI. 17 (RGBl. S. 1085) ab 1. XII. 17 Erweiterung dahin, daß die „Satzung mit Zustimmung des ObVersAmts bis zu der Höchstgrenze von $^3/_4$ des Grundlohns

1. das Krankengeld für Verheiratete und Ledige sowie nach der Zahl der Kinder und sonstigen Angehörigen, die der Versicherte bisher von seinem Arbeitsverdienste ganz oder überwiegend unterhalten hat, abstufen und

2. für alle oder nur für die niedrigeren Mitgliederklassen oder Lohnstufen Zuschläge zum Krankengeld in einem für alle gleich hohen oder für die niedrigeren von ihnen erhöhten Betrage bewilligen kann".

§ 195. Weiblichen Versicherten, die im Weltkrieg dem Reiche oder einer mit ihm verbündeten Macht den Kriegsdiensten ähnliche Dienste geleistet haben, ist bei Prüfung der Frage ihres Anspruchs auf Wochenhilfe auf das in § 195 Abs. 1 (jetzt § 195a) erwähnte letzte Jahr die Dauer der Dienstleistung sowie diejenige der Erwerbslosigkeit bis zu 6 Wochen nicht anzurechnen, die in die ersten 6 Wochen nach der Rückkehr aus solchen Diensten in die Heimat fällt (Ziff. II Abs. 3 der VO. v. 1. III. 17, RGBl. S. 200).

Das Wochengeld ist ferner — abgesehen von dem Mindestbetrage des § 195a (s. u. zu §§ 195ff.) — nicht mehr unbedingt in gleicher Höhe wie das Krankengeld zu gewähren, vielmehr kann die Satzung einer Krankenkasse mit Zustimmung des ObVersAmts das Wochengeld bis zu der Höchstgrenze von $^3/_4$ des Grundlohns höher als das Krankengeld bemessen (§ 3 der Bek. v 22. XI. 17, RGBl. S. 1085)*).

*) **Zu § 195.** Für die Dauer des Krieges waren die Leistungen des § 195 noch dahin erweitert, daß die KrKn. denjenigen Wöchnerinnen, die nicht Anspruch auf Reichswochenhilfe nach einer der Bekn. über die Wochenhilfe während des Krieges (vgl. RGBl. 14 S. 492; 15 S. 49, 257; 17 S. 591) hatten, neben dem satzungsmäßigen Wochengelde noch einen einmaligen Beitrag zu den Kosten der Entbindung in Höhe von 25 ℳ, eine Beihilfe bis zum Betrage von 10 ℳ für Hebammendienste und ärztliche Behandlung, falls solche bei Schwangerschaftsbeschwerden erforderlich wurden, sowie für Wöchnerinnen, solange sie ihre Neugebornen stillten, ein Stillgeld von $^1/_2$ ℳ täglich, einschließlich der Sonn- und Feiertage bis zum Ablauf der 12. Woche nach der Niederkunft zu gewähren hatten (§ 8 Bek. v. 3. XII. 14, RGBl. S. 492). Die Kassenvorstände konnten jedoch beschließen, statt des Beitrags zu den Entbindungskosten und der Beihilfe bei Schwangerschaftsbeschwerden freie Behandlung durch Hebamme und Arzt sowie die erforderliche Arznei bei der Niederkunft und bei Schwangerschaftsbeschwerden zu gewähren. Ein solcher Beschluß konnte aber nur allgemein für alle Wöchnerinnen gefaßt werden, denen die Kasse auf Grund der Vorschriften Wochenhilfe zu leisten hatte. Bei Wöchnerinnen, denen die

Zu §§ 195 ff. Die Übernahme der Reichswochenhilfe in die RVO. hat eine wesentliche Änderung der in den §§ 195 ff. enthaltenen Vorschriften über die Wochenhilfe zur Folge gehabt. An Stelle des § 195 RVO. treten mit Wirkung vom 1. X. 19 die §§ 195a bis c. Ihr wesentlicher Inhalt ist folgender (§ 2 d. Ges. v. 26. IX. 19, RGBl. S. 1757):

Vom 1. X. 19 ab haben Wöchnerinnen, die im letzten Jahre vor der Niederkunft mindestens 6 Monate hindurch auf Grund der RVO. oder bei einer knappschaftlichen Krankenkasse versichert waren, Anspruch im Falle ihrer Niederkunft auf

1. einen einmaligen Beitrag zu den Kosten der Entbindung in Höhe von 50 M.,
2. ein Wochengeld in Höhe des Krankengeldes, jedoch mindestens 1,50 M. täglich, einschließlich der Sonn- und Feiertage, für 10 Wochen, von denen mindestens 6 in die Zeit nach der Niederkunft fallen müssen,

---

Kasse diese Behandlung bei der Niederkunft und bei Schwangerschaftsbeschwerden schon auf Grund ihrer Satzung als Mehrleistung nach der RVO. zu gewähren hatte, trat jedoch, auch wenn ein solcher Beschluß nicht gefaßt wurde, eine Änderung nicht ein (§§ 4, 8 Bek. v. 3. XII. 14, RGBl. S. 492).

Die Zeit einer Befreiung von einer Versicherung auf Grund der §§ 418, 435 RVO. galt der Zeit des Versichertseins im Sinne des § 8 der Bek. v. 3. XII. 14 gleich (§ 7 Abs. 1 der Bek. v. 28. I. 15, RGBl. S. 49). Auch bestand der Anspruch einer Wöchnerin auf die Leistungen der erweiterten Kassenwochenhilfe dann, wenn die Beiträge zur KrK. für die Wöchnerin auf Antrag des Arbeitgebers gemäß § 420 oder § 421 unter Wegfall oder Kürzung des Anspruchs auf Krankengeld ermäßigt waren. Was der Wöchnerin auf Grund dieses Anspruchs zustand, galt nicht als Barleistung im Sinne des § 425; der Arbeitgeber hatte der Kasse dafür nichts zu erstatten. Der Kassenvorstand konnte aber die nach § 420 Abs. 3, § 421 ermäßigten Beiträge mit Zustimmung des VersAmts entsprechend der Steigerung der Kassenausgaben infolge dieser Wochenhilfe erhöhen, wobei es einer Satzungsänderung nicht bedurfte (§ 3 der Bek. v. 17. III. 18, RGBl. S. 129).

§ 197. Die Vorschrift des § 197, welche die anteilmäßige Tragung der Kosten der nach § 195 zu gewährenden Wochenhilfe durch alle die Kassen ausspricht, denen die Wöchnerin im letzten Jahre vor der Niederkunft angehört hat, galt auch für die nach § 8 VO. v. 3. XII. 14 erweiterte Kassenwochenhilfe (§ 9 Bek. v. 28. I. 15, RGBl. S. 49).

3. eine Beihilfe bis zum Betrage von 25 M. für Hebammendienste und ärztliche Behandlung, falls solche bei Schwangerschaftsbeschwerden erforderlich werden,
4. solange sie ihre Neugeborenen stillen, auf ein Stillgeld in Höhe des halben Krankengeldes, jedoch mindestens 75 Pf. täglich, einschließlich der Sonn- und Feiertage, bis zum Ablauf der 12. Woche nach der Niederkunft.

Die Satzung kann die Dauer des Wochengeldbezugs bis auf 13 Wochen, diejenige des Stillgeldbezugs bis auf 26 Wochen erweitern (§ 195b). Außerdem können die Vorstände der Krankenkassen, knappschaftlichen Krankenkassen und Ersatzkassen beschließen, statt des Entbindungskostenbeitrags und der Beihilfe bei Schwangerschaftsbeschwerden freie Behandlung durch Hebamme und Arzt sowie die erforderliche Arznei bei der Niederkunft und bei Schwangerschaftsbeschwerden zu gewähren; hierbei ist es zulässig, auch nur eine oder mehrere der genannten Sachleistungen gegen entsprechende Aufrechnung an der Barentschädigung zu gewähren; die diesbezüglichen Beschlüsse können aber nur allgemein für alle Wöchnerinnen gefaßt werden, denen die Kasse die Wochenhilfe zu leisten hat (§ 195c). Wie schon bisher wird auch nach den neuen Vorschriften neben Wochengeld Krankengeld nicht gewährt; die Wochen nach der Niederkunft müssen zusammenhängen (§ 195a Abs. 2).

Die nunmehr eingeführte Wochenhilfe und Wochenfürsorge erstreckt sich aber nicht nur auf die selbst gegen Krankheit versicherten Wöchnerinnen, sie ist auch auf versicherungsfreie Ehefrauen, Töchter, Stief- und Pflegetöchter der Versicherten (s. u. § 205) sowie auf minderbemittelte Wöchnerinnen, die weder als Selbstversicherte, noch als Familienangehörige von Versicherten Anspruch auf Wochenhilfe haben, ausgedehnt. Als minderbemittelt gilt eine verheiratete Wöchnerin, wenn ihres Ehemanns und ihr Gesamteinkommen in dem Jahre oder Steuerjahre vor der Entbindung den Betrag von 2500 M. nicht überstiegen hat; eine unverheiratete Wöchnerin gilt als minderbemittelt, wenn ihr Gesamteinkommen in dem gleichen Zeitraume 2000 M. nicht überstiegen hat; in beiden Fällen erhöht sich der einschlägige Betrag für jedes vorhandene Kind unter 15 Jahren um 250 M. (§ 17 d. Ges. v. 26. IX. 19, RGBl. S. 1757).

Die Wochenfürsorge an minderbemittelte Wöchnerinnen wird durch die allgemeine Ortskrankenkasse, in deren Bezirk der gewöhnliche Aufenthaltsort der Wöchnerin liegt, und, wo eine solche Kasse nicht besteht, durch die Landkrankenkasse geleistet (§ 18 d. Ges. v. 26. IX. 19, RGBl. S. 1757).

Als Wochenfürsorge werden dieselben Leistungen gewährt, wie sie selbstversicherten Wöchnerinnen zustehen, jedoch beträgt in allen Fällen das Wochengeld 1,50 M. und das Stillgeld 75 Pf. täglich. Die Kassen sind berechtigt, an Stelle der Barleistung des Entbindungskostenbeitrags und der Beihilfe bei Schwangerschaftsbeschwerden die Sachleistung treten zu lassen (§ 19 d. Ges. v. 26. IX. 19, RGBl. S. 1757). Die Leistungen der Wochenfürsorge an minderbemittelte Wöchnerinnen werden der Kasse durch das Reich ersetzt, und zwar werden im Falle der Gewährung von Sachleistungen als einmaliger Beitrag zu den Kosten der Entbindung 50 M. und als Beihilfe bei Schwangerschaftsbeschwerden 15 M. ersetzt. Die Kasse hat die verauslagten Beträge dem VersAmte nach näherer Bestimmung des Reichsarbeitsministeriums nachzuweisen. Das VersAmt hat das

Recht der Beanstandung, über die das ObVersAmt endgültig entscheidet (§ 20 d. Ges. v. 26. IX. 19, RGBl. S. 1757).

Soweit eine unverheiratete Wöchnerin von dem Vater des Kindes Ersatz von Entbindungskosten oder sonstigen Kosten verlangen kann, geht der Anspruch auf das Reich in Höhe der von ihm erstatteten Beträge über. Das gleiche gilt für den Unterhaltsanspruch der Wöchnerin gegen unterhaltspflichtige Verwandte. Neben den Verwandten haftet dem Reiche der Vater des Kindes als Gesamtschuldner (§ 21 d. Ges. v. 26. IX. 19, RGBl. S. 1757).

Entsteht Streit zwischen dem Empfangsberechtigten und der Kasse über die Leistungen der Wochenfürsorge, so gelten die Vorschriften der RVO. über das Verfahren bei Streitigkeiten aus der Krankenversicherung. Jedoch entscheidet das ObVersAmt endgültig mit der Maßgabe, daß zur Herbeiführung grundsätzlicher Auslegungen die Abgabe an das RVA. zulässig ist. Für die Leistungen und den Anspruch darauf finden ferner die §§ 118, 119, 210, 219, 220, 222 bis 224 RVO. entsprechende Anwendung; die Steuerbehörden haben den Kassen und den Versicherungsbehörden auf Anfordern Auskunft über die Verhältnisse der Wöchnerin und ihres Ehemanns zu geben (§ 23 d. Ges. v. 26. IX. 19, RGBl. S. 1757).

§ 197. Das Recht der leistungspflichtigen Krankenkasse, anteilsmäßige Tragung der Kosten des Wochengeldes und der Leistungen des § 196 durch diejenigen anderen Krankenkassen, denen die Wöchnerin während des letzten Jahres angehört hat, zu fordern, ist nunmehr auch auf den Entbindungskostenbeitrag, die Beihilfe bei Schwangerschaftsbeschwerden und das Stillgeld erstreckt. Dabei ist in jedem Einzelfalle, falls die Kasse an Stelle der Barleistungen Sachleistungen gewährt, als einmaliger Beitrag zu den Kosten der Entbindung der Betrag von 50 M. und als Beihilfe für Hebammendienste und ärztliche Behandlung bei Schwangerschaftsbeschwerden der Betrag von 15 M. zu ersetzen. Der Erstattungsanspruch selbst ist nur bis zur Höhe des Anspruchs begründet, welcher der Wöchnerin gegen die erstattungspflichtige Kasse zugestanden hätte, wenn diese leistungspflichtig gewesen wäre; gewährt diese Kasse an Stelle der Barleistungen Sachleistungen, so wird für die freie Behandlung durch Hebamme und Arzt und die erforderliche Arznei bei der Niederkunft gleichfalls der Betrag von 50 M. und bei Schwangerschaftsbeschwerden der Betrag von 15 M. angesetzt (§ 3 d. Ges. v. 26. IX. 19, RGBl. S. 1757).

§§ 198, 199. Nachdem nunmehr die Gewährung von Hebammendiensten und ärztlicher Geburtshilfe, die bei der Niederkunft erforderlich werden, als Regelleistung der Wochenhilfe eingeführt ist, kam mit Wirkung vom 1. X. 19 ab der § 198 in Wegfall (§ 4 d. Ges. v. 26. IX. 19, RGBl. S. 1757). Das gleiche ist hinsichtlich der Ziff. 3 des § 199 der Fall, welche die Gewährung von Hebammendiensten und ärztlicher Behandlung, die bei Schwangerschaftsbeschwerden erforderlich wurden, als Mehrleistung durch die Kassen vorgesehen hat (§ 5 d. Ges. v. 26. IX. 19, RGBl. S. 1757).

§ 199. Die Kriegsverhältnisse brachten für § 199 eine Ergänzung insoweit mit sich, als für weibliche Versicherte, die während der Geltungsdauer des Gesetzes über den vaterländischen Hilfsdienst vom 5. XII. 16 (RGBl. S. 1333) im Hilfsdienst tätig waren, oder die während des Krieges den Militärdiensten ähnliche Dienste geleistet haben, die Zeit von mindestens 6 Monaten nach § 199 einer Wartezeit für Leistungen im Sinne der RVO. gleichsteht (§ 4 Abs. 2 der VO. v. 24. II. 17, RGBl. S. 171, und Ziff. II Abs. 4 der Bek. v. 1. III. 17, RGBl. S. 200).

§ 200. Durch die Einführung des Stillgeldes als Regelleistung der Wochenhilfe erübrigte sich die weitere Aufrechterhaltung des § 200; er kam daher mit Wirkung vom 1. X. 19 in Wegfall (§ 6 d. Ges. v. 26. IX. 19, RGBl. S. 1757).

§ 205. Die Wochenhilfe ist nunmehr auch auf dem Gebiete der Familienhilfe als Regelleistung eingeführt (§ 10 d. Ges. v. 26. IX. 19, RGBl. S. 1757). Es war daher eine Änderung des § 205 in der Richtung notwendig, daß Ziff. 2, welche die Wochenhilfe an versicherungsfreie Ehefrauen der Versicherten behandelte, zu einem besonderen § 205a umgebildet wurde. Dieser schreibt vor, daß versicherungsfreie Ehefrauen, Töchter, Stief- und Pflegetöchter der Versicherten, die mit diesen in häuslicher Gemeinschaft leben, als Wochenhilfe dieselben Leistungen wie die selbstversicherten Wöchnerinnen (s. o. § 195a) erhalten, wobei das Wochengeld 1,50 M. täglich, das Stillgeld 75 Pf. täglich beträgt und die Satzung den Betrag des Wochengeldes und des Stillgeldes je bis auf die Hälfte des Krankengeldes des Versicherten erhöhen kann; auch ist es zulässig, daß die Satzung die Dauer des Wochengeldbezugs auf 13 und diejenige des Stillgeldbezugs auf 26 Wochen erweitert und daß die Vorstände der Krankenkassen an Stelle der Barleistungen des Entbindungskostenbeitrags und der Beihilfe bei Schwangerschaftsbeschwerden Sachleistungen gewähren können. Für die Familienwochenhilfe gilt ferner § 196 über die Gewährung von Kur und Verpflegung in einem Wöchnerinnenheim und über die Hilfe und Wartung durch Hauspflegerinnen, ferner die Gewährung von Schwangerenunterstützung nach § 199 RVO. und die anteilsmäßige Kostentragung durch andere Kassen, denen der Versicherte im letzten Jahre angehört hat (§ 197), entsprechend.

Die Leistungen, welche die Kasse an Familienwochenhilfe aufzubringen hat, werden ihr durch das Reich zur Hälfte ersetzt. Macht sie von dem ihr zustehenden Rechte Gebrauch, Schadenersatz von demjenigen zu fordern, an den das versicherungsfreie Familienmitglied Ansprüche aus Anlaß seiner Niederkunft stellen kann (s. u. § 1542), und erhält sie Ersatz, so hat das Reich Anspruch auf die Hälfte. Sie hat ferner nach näherer Anweisung des Reichsarbeitsministeriums die verauslagten Beträge dem Versicherungsamt nachzuweisen. Dieses hat das Recht der Beanstandung. Das ObVersAmt entscheidet darüber endgültig (§ 205d).

Die übrigen Leistungen der Familienhilfe, die bisher in § 205 Ziff. 1 und 3 aufgeführt waren, sind nunmehr zu einem besonderen § 205b zusammengefaßt worden.

§ 207. Die Vorschrift des § 207, wonach die Satzung bestimmen kann, daß der Anspruch Versicherungsberechtigter, die der Kasse freiwillig beigetreten sind, erst nach einer Wartezeit von 6 Wochen entsteht, hat verschiedene Ergänzungen erfahren, die sinngemäß auch auf die übrigen einschlägigen Vorschriften der RVO. anwendbar sind; die Wirkung dieser Ergänzungen wird sich noch auf ein Jahr nach endgültiger Beendigung des Kriegszustandes erstrecken.

Zunächst sieht § 2 des Ges. v. 4. VIII. 14 über Erhaltung von Anwartschaften aus der Krankenversicherung (RGBl. S. 334) und die Bek. v. 26. XI. 14 (RGBl. S. 485) vor, daß, wenn die Satzung einer Krankenkasse eine Wartezeit für Leistungen bestimmt hat, der Fristenlauf für alle Versicherten, die während des gegenwärtigen Krieges Kriegs-, Sanitäts- oder ähnliche Dienste leisteten, ruht. Ist die Wartezeit bereits erfüllt, so bedarf es nicht der Zurücklegung einer neuen Wartezeit. Die Zeit, für welche die Beiträge gezahlt wurden, wird hierbei auf die Wartezeit angerechnet.

Für Personen, die während des gegenwärtigen Krieges dem Reiche oder einer ihm verbündeten Macht Kriegs-, Sanitäts- oder ähnliche Dienste leisteten, ruht ferner der Fristenlauf der Wartezeit bei ihrer Krankenkasse auch während der Dauer der Erwerbslosigkeit bis zu 6 Wochen, die in die ersten 6 Wochen nach der Rückkehr aus solchen Diensten in die Heimat fällt Eine Wartezeit, die sie bei einer Krankenkasse zur Zeit des Diensteintritts ganz oder zum Teil erfüllt hatten, ist ihnen hierbei auch auf die Wartezeit für Leistungen bei einer anderen Krankenkasse anzurechnen, der sie nach der Rückkehr aus solchen Diensten in die Heimat beitreten Die Zeit von mindestens 6 Monaten nach § 199 steht hierbei für solche Versicherte einer Wartezeit für Leistungen im Sinne der RVO. gleich (Ziff. II Abs. 1, 2 und 4 der VO. v. 1. III. 17, RGBl. S. 200).

Soweit der Erwerb eines Rechtes nach der Reichsversicherung oder der Satzung einer Krankenkasse davon abhängt, daß eine Wartezeit bei einer Krankenkasse zurückgelegt ist oder eine Versicherung von bestimmter Dauer innerhalb eines gleichfalls bestimmten Zeitraums bestanden hat, darf eine Beschäftigung im vaterländischen Hilfsdienst, durch die der Beschäftigte aus der Krankenkasse oder der Versicherung ausschied, nicht zu seinem Nachteil angerechnet werden. Dies gilt auch für die Dauer einer Erwerbslosigkeit bis zu 6 Wochen, die in die ersten 6 Wochen nach

Beendigung der Beschäftigung fällt. Die Zeit von mindestens 6 Monaten nach § 199 steht auch hier einer Wartezeit gleich. Im übrigen bedarf es im Falle einer bereits zurückgelegten Wartezeit auch hier nicht der Zurücklegung einer neuen Wartezeit und wird die Zeit, für welche die Beiträge weitergezahlt wurden, auf die Wartezeit angerechnet (§ 4 der VO. v. 24. II. 17, RGBl. S. 171).

§ 208. Die Vorschrift des § 208, wonach der Anspruch auf Mehrleistungen durch die Satzung von einer längeren Wartezeit abhängig gemacht werden kann, gilt bekanntlich nicht für Mitglieder, die während der letzten 12 Monate bereits für mindestens 6 Monate Anspruch auf Mehrleistungen einer Krankenkasse oder einer knappschaftlichen Krankenkasse hatten. Soweit solche Mitglieder während des gegenwärtigen Krieges dem Reiche oder einer ihm verbündeten Macht Kriegs-, Sanitäts- oder ähnliche Dienste leisteten, wird ihnen auf diese 12 Monate die Dauer der Dienstleistung sowie diejenige der Erwerbslosigkeit bis zu 6 Wochen nicht angerechnet, die in die ersten 6 Wochen nach der Rückkehr aus solchen Diensten in die Heimat fällt (§ 2 Abs. 3 VO. v. 1. III. 17; RGBl. S. 200).

§ 214. Zunächst hat § 214 Abs. 3 eine förmliche Änderung dadurch erfahren, daß § 1 der Bek. vom 14. VI. 16 (RGBl. S. 516) bestimmt, daß dem Aufenthalt im Ausland im Sinne des § 214 Abs. 3 nicht gleich gilt ein Aufenthalt im Ausland, der durch Einberufung zu Kriegs-, Sanitäts- oder ähnlichen Diensten für das Reich oder eine ihm verbündete Macht verursacht war; dies gilt auch für die entsprechenden Bestimmungen in den Satzungen der Ersatzkassen (§§ 503 ff.). Einer Satzungsänderung bedurfte es für die Kassen hierbei nicht.

Für Personen, die militärische, Sanitäts- und ähnliche Dienste während des gegenwärtigen Krieges dem Reiche oder einer ihm verbündeten Macht geleistet haben, wurde ferner hinsichtlich der allgemeinen Anwendung des § 214 vorgesehen, daß ihnen die Zeit dieser Dienste auf die Zeit vor dem Ausscheiden aus der Versicherung nicht angerechnet wird. Das gleiche gilt für die Dauer der Erwerbslosigkeit bis zu 6 Wochen, die in die ersten 6 Wochen nach der Rückkehr aus solchen Diensten in die Heimat fällt (§ 2 der Bek. v. 16. XI. 16, RGBl. S. 1279).

§ 216. In den Fällen, in denen der Anspruch auf Krankenhilfe ruhte, war bisher, falls der Berechtigte im Inland Angehörige hatte, denen „die Satzung Familienhilfe zubilligte“, diese Familienhilfe zu gewähren. Nunmehr hat die einschlägige Vorschrift des § 216 Abs. 2 eine Änderung dahin erfahren, daß die Familienhilfe den im Inland befindlichen Angehörigen, denen „Familienhilfe zusteht“, zu gewähren ist (§ 11 d. Ges. v. 26. IX. 19, RGBl. S. 1757).

§ 245. Die Errichtung von Betriebskrankenkassen für landwirtschaftliche Betriebe sowie für solche Betriebe nicht öffentlich-rechtlicher Körperschaften, deren Beschäftigte am 17. II. 19 sämtlich oder zum größten Teile auf Grund des § 171 von der Versicherungspflicht befreit waren, ist mit Rücksicht auf die nunmehr durch die VO. v. 3. II. 19 (RGBl. S. 191) verfügte Aufhebung der Befreiung landwirtschaftlicher Arbeiter von der Versicherungspflicht und der mit derselben VO. durchgeführten Beschränkung der Versicherungsfreiheit der bei nicht öffentlich-rechtlichen Körperschaften Beschäftigten (s. o. § 170) bis zu einer anderweitigen gesetzlichen Regelung überhaupt untersagt (§ 10 VO. v. 3. II. 19, RGBl. S. 191)*).

§ 267. Die Schließung einer allgemeinen Orts- oder Landkrankenkasse wegen Unmöglichkeit der Deckung der Regelleistung aus den Beiträgen, die bisher zulässig war, wenn die Beiträge 6 vH. des Grundlohns erreicht hatten, ist ab 1. X. 19 erst dann zulässig, wenn die Beiträge 10 vH. betragen (§ 16 d. Ges. v. 26. IX. 19, RGBl. S. 1757).

§ 313. Ähnlich wie § 214 hat auch § 313 verschiedentliche Änderungen und Ergänzungen erfahren. Grundlegend ist die durch § 2 der VO. v. 22. XI. 18 (RGBl. S. 1321) ab 2. XII. 18 durchgeführte Änderung dahin, daß bei Betätigung der freiwilligen Weiterversicherung der Übertritt in eine niedere Klasse oder Lohnstufe nicht mehr vom freiem Ermessen des Kassenmitglieds, sondern von der „Zustimmung des Kassenvorstandes" abhängig ist.

Bei Anwendung des § 313 Abs. 1 ist ferner die Zeit militärischer, Sanitäts- und ähnlicher Dienste, die während des gegenwärtigen Krieges dem Reiche oder einer ihm verbündeten Macht geleistet worden sind, auf die Zeit vor dem Ausscheiden aus der Versicherung nicht anzurechnen. Das Gleiche gilt für die Dauer einer Erwerbslosigkeit bis zu 6 Wochen, die in die ersten 6 Wochen nach der Rückkehr aus solchen Diensten in die Heimat fällt (§ 2 der Bek. vom 16. XI. 16, RGBl. S. 1279).

§ 314. Da die Beschränkung des Rechtes zur Selbstversicherung und zur freiwilligen Weiterversicherung auf Versicherte mit einem regelmäßigen jährlichen Gesamteinkommen von weniger als 4000 M.

*) **§§ 259 ff.** Die Feststellung der Gleichwertigkeit der Leistungen war während der Geltungsdauer des Ges. v. 4. VIII. 14 (RGBl. S. 337) für bestehende KrKn. eingestellt (§ 3 Bek. v. 28. I. 15, RGBl. S. 49).

ab 2. XII. 18 aufgehoben ist (s. o. § 178), kam mit diesem Tage auch der Abs. 2 des § 314 in Wegfall, wonach der Kassenvorstand, sobald er glaubhaft Kenntnis von dem Erreichen dieser Höchstgrenze erhielt, dem Versicherten das Erlöschen seiner Mitgliedschaft mitzuteilen hatte, und die Mitgliedschaft mit der Zustellung dieser Mitteilung erlosch (§ 2 VO. v. 22. XI. 18, RGBl. S. 1321)*).

§ 321. Die Änderungen und Ergänzungen, welche gegenüber den Bestimmungen einer Kassensatzung über die Festsetzung des Grundlohns und die Bemessung der Beiträge zur Durchführung des § 1 der Bek. v. 22. XI. 17 (RGBl. S. 1087) über KV. und Wochenhilfe während des Krieges (s. o. § 180) dienen sollen, können ohne Aufnahme in die Satzung vom Vorstand beschlossen werden; der Beschluß bedarf der Zustimmung des endgültig entscheidenden ObVersAmts (§ 1 Bek. v. 17. III. 18, RGBl. S. 129)**).

§ 328. Der Vorsitzende des Vorstandes einer Ortskrankenkasse wurde bisher von den Vorstandsmitgliedern aus ihrer Mitte gewählt. Die Wahl galt jedoch nur als zustande gekommen, wenn der Gewählte

*) Zu §§ 313, 314. Versicherte, welche dem Deutschen Reiche oder der österreichisch-ungarischen Monarchie im Weltkrieg Kriegs-, Sanitäts-, oder ähnliche Dienste geleistet hatten und zur Zeit des Eintritts in diese Dienste zur Weiterversicherung bei einer KrK. berechtigt waren, hiervon aber keinen Gebrauch gemacht hatten, oder welche zwar das Recht zur Weiterversicherung ausgeübt hatten, deren Mitgliedschaft aber wegen unterlassener Beitragsleistung nach § 314 Abs. 1 erloschen war, konnten binnen 6 Wochen nach ihrer Rückkehr in die Heimat wieder in die KV. eintreten (§ 3 Ges. v. 4. VIII. 14, RGBl. S. 334; Bek. v. 26. XI. 14, RGBl. S. 485; § 1 Bek. v. 28. I. 15, RGBl. S. 49).

**) § 325. Während der Dauer des Krieges waren die KrKn. zur Abgabe eines Abdrucks der Satzung und ihrer Änderung (§ 325) nur auf Antrag der Kassenmitglieder verpflichtet; im übrigen genügte die Mitteilung von Auszügen, welche die Bestimmungen über Mitgliedschaft, Leistungen und Beiträge nebst der Krankenordnung sowie Änderungen dieser Bestimmungen enthielten. Die Mitglieder waren aber berechtigt, einen Abdruck der Satzung und ihrer Änderung in den Geschäftsräumen der Kasse während der üblichen Geschäftsstunden einzusehen (§ 2 d. Bek. v. 17. III. 18, RGBl. S. 129).

die Mehrheit der Stimmen aus der Gruppe sowohl der Arbeitgeber als auch der Versicherten erhielt. Für die Wahl der Stellvertreter des Vorsitzenden galt ungetrennte Abstimmung (§ 330). Mit Wirkung ab 12. II. 19 wurde diese ungetrennte Abstimmung mit einfacher Majorität auch bei der Wahl des Vorstandsvorsitzenden eingeführt (§ 1 VO. v. 5. II. 19, RGBl. S. 181).

Bei Landkrankenkassen wählte die Vertretung des Gemeindeverbandes den Vorsitzenden und die Mitglieder des Vorstandes sowie einen oder mehrere Stellvertreter des Vorsitzenden mit der Maßgabe, daß $^1/_3$ der Mitglieder aus dem Kreise der beteiligten Arbeitgeber, $^2/_3$ aus dem Kreise der Versicherten genommen wurden (§ 331). Mit Wirkung vom 29. VI. 19 tritt nun auch hier für die Wahl des Vorsitzenden des Vorstandes und seiner Stellvertreter die ungetrennte Abstimmung der Vorstandsmitglieder mit einfacher Majorität in Kraft (§ 1 Ges. v. 28. VI. 19, RGBl. S.615).

Demzufolge lautet § 328 nun folgendermaßen:

„Die Vorstandsmitglieder wählen aus ihrer Mitte in ungetrennter Wahlhandlung den Vorsitzenden des Vorstandes sowie einen oder mehrere Stellvertreter für ihn.“

Die bisherigen Vorstandsmitglieder der Landkrankenkassen bleiben aber noch solange im Amte, bis die nach den neuen Vorschriften Gewählten eintreten. Die Amtsdauer dieser selbst endet in jedem Falle, auch wenn sie vor dem 1. I. 20 ihr Amt antreten, am 1. XII. 23 (§ 5 Ges. v. 28. VI. 19, RGBl. S. 615).

§§ 329, 330, 331. Die selbstverständliche Folge dieser Gesetzesänderung ist die Aufhebung des § 329, durch den das Verfahren geregelt wurde, das einzuschlagen war, falls die Wahl des Vorsitzenden des Vorstandes einer Ortskrankenkasse nicht zustande kam, und der §§ 330, 331.

§ 333. Die Wahl des Ausschusses erfolgte bisher bei den Ortskrankenkassen aus der Mitte der beteiligten volljährigen Arbeitgeber und der volljährigen Versicherten in einem nach beiden Gruppen getrennten, unter Leitung des Vorstandes stehenden Wahlgang (§ 333 Abs. 1). Bei Landkrankenkassen wählte die Vertretung des Gemeindeverbandes bezw. nach näherer Anordnung der Landesregierung die Vertretungen der einzelnen Gemeinden die Vertreter der beteiligten Arbeitgeber und der bei der Kasse Versicherten je aus deren Mitte, soweit nicht durch Landesgesetz auch für alle oder für einen Teil der Landkrankenkassen eines Bundesstaats das Wahlverfahren der Ortskrankenkassen eingeführt war (§ 336). Nunmehr gilt für Landkrankenkassen allgemein das Wahlverfahren der Ortskrankenkassen (§ 3 Ges. vom 28. VI. 19, RGBl. S. 615). Demgemäß lautet § 333 Abs. 1 ab 29. VI. 19 folgendermaßen:

„Die beteiligten volljährigen Arbeitgeber und die volljährigen Versicherten wählen ihre Vertreter je aus ihrer Mitte und zwar getrennt unter Leitung des Vorstandes".

§ 336. Die Folge dieser Gesetzänderung ist die Aufhebung des § 336 (§ 4 Ges. v. 28. VI. 19, RGBl. S. 615). Jedoch bleiben die nach § 336 gewählten bisherigen Mitglieder des Ausschusses der Landkrankenkassen solange im Amte, bis die nach den neuen Vorschriften Gewählten eintreten; deren Amtsdauer endet in jedem Falle, auch wenn sie vor dem 1. I. 20 ihr Amt antreten, am 1. XII. 23 (§ 5 Ges. v. 28. VI. 19, RGBl. S. 615).

§ 349. Die aus Kassenmitteln bezahlten Beamten und diejenigen Angestellten der Krankenkassen, für welche die Dienstordnung (§ 351) gilt, wurden bis zum 12. II. 19 durch übereinstimmende Beschlüsse beider Gruppen im Vorstand auf ihre Stellen berufen.

Bei Nichteinigung der beiden Gruppen war Anberaumung eines neuen Wahlganges vorgesehen, in dem mit $^2/_3$ Mehrheit der Anwesenden und unter Bestätigung des Beschlusses durch das VersAmt die Anstellung vollzogen werden konnte. Seit 12. II. 19 war dann unter Aufhebung der für den Fall der Nichteinigung im zweiten Wahlgang vorgesehenen Vorschriften des § 349 Abs. 2 und 3 die Berufung der aus Mitteln der Kasse bezahlten Angestellten durch den Vorstand in ungetrennter Abstimmung mit einfacher Majorität vorgesehen (§ 3 VO. v. 5. II. 19, RGBl. S. 181). Nunmehr gilt seit 29. VI. 19, daß die aus Mitteln der Kasse bezahlten Stellen der Beamten und derjenigen Angestellten, für welche die Dienstordnung gilt, mit $^2/_3$ Mehrheit durch den Vorstand besetzt werden (§ 6 Ges. v. 28. VI. 19, RGBl. S. 615); der Abs. 2 und 3 des § 349 bleibt auch weiterhin aufgehoben.

§ 350. Zufolge der in der VO. v. 5. II. 19 (RGBl. S. 181) getroffenen Regelung (s. o. § 349) war § 350, der die Frage der Stellenbesetzung für den Fall regelt, daß ein Anstellungsbeschluß auch im zweiten Wahlgang nicht zustande kam, ab 12. II. 19 ganz aufgehoben. Die bis dahin vorgesehene widerrufliche und auf Kosten der Kasse erfolgende Bestellung der für die Geschäfte der zu besetzenden Stelle erforderlichen Personen durch das VersAmt ist nun ab 29. VI. 19 wieder eingeführt (§ 7 Ges. v. 28. VI. 19, RGBl. S. 615). Dagegen entfällt auch weiterhin die Möglichkeit, daß das VersAmt mit Genehmigung des ObVersAmts einer so bestellten Persönlichkeit nach Ablauf eines Jahres, falls inzwischen nicht ein gültiger Anstellungsbeschluß gefaßt ist, die Stelle endgültig übertragen kann.

§ 351. Die Dienstordnung einer Krankenkasse gilt seit 12. II. 19 nur für die von der Kasse besoldeten

Angestellten, die nicht nach Landesrecht staatliche oder gemeindliche Beamte sind (§ 5 VO. v. 5. II. 19, RGBl. S. 181). Bis zu diesem Zeitpunkt waren auch diejenigen Beamten der Dienstordnung nicht unterstellt, welchen nach § 359 die Rechte und Pflichten staatlicher oder gemeindlicher Beamter verliehen waren. Da vom 12. II. 19 ab § 359 Abs. 1 bis 5 aufgehoben und den bisher mit diesen Rechten ausgestatteten Beamten nur mehr das nach Landesrecht für staatliche oder gemeindliche Beamte gewährte Vorrecht in der Gemeindebesteuerung belassen wurde (s. u. § 359), so erfolgte auch mit diesem Tage die Unterstellung dieser Beamten unter die Dienstordnung. Sofern aber solche Beamte von dem ihnen neuerdings (§ 8 Ges. v. 28. VI. 19, RGBl. S. 615) verliehenen Rechte (s. u. § 359), die ihnen bisher verliehenen Rechte und Pflichten wieder in Anspruch zu nehmen, Gebrauch machen, bleiben sie auch weiterhin von der Dienstordnung ausgenommen. Dasselbe gilt hinsichtlich derjenigen Angestellten, die eine Kasse vor dem 12. II. 19 aus dem Staats- oder Gemeindedienst unter Vereinbarungen übernommen hat, durch die sie nach einer bestimmten Zeit oder unter bestimmten Voraussetzungen Rechte und Pflichten eines Staats- oder Gemeindebeamten erlangt haben würden, wenn diese Angestellten nach Ablauf dieser Zeit oder nach Eintritt der Voraussetzungen von dem ihnen nach § 9 des Ges. v. 28. VI. 19 (RGBl. S. 615) eingeräumten Rechte Gebrauch machen, binnen 6 Wochen Antrag auf ihren Eintritt in die Rechte und Pflichten eines Staats- oder Gemeindebeamten beim VersAmte zu stellen, falls diesem Antrag stattgegeben wird.

§ 353. Die Dienstordnung einer Krankenkasse hatte bei Aufstellung des Besoldungsplans bisher zu regeln, wie weit bei unverschuldeter Arbeitsbehinderung das Gehalt fortbezahlt wird, in welchen Fristen Dienstalterszulagen gewährt werden, unter welchen Bedingungen Ruhegehalt und Hinterbliebenenfürsorge gewährt werden und unter welchen Voraussetzungen Beförderung stattfindet.

Durch den § 6 VO. v. 5. II. 19 (RGBl. S. 181) hat sie ferner auch noch dazu Stellung zu nehmen, „unter welchen Bedingungen Anstellung auf Lebenszeit oder nach Landesrecht unwiderruflich erfolgt".

§ 354. Die Kündigung und Entlassung von Angestellten, welche der Dienstordnung unterstehen, war bisher nur auf übereinstimmenden Beschluß der Arbeitgeber und der Versicherten im Vorstand, kam aber ein solcher Beschluß nicht zustande, nur auf Beschluß der Vorstandsmehrheit mit Zustimmung des VersAmts möglich. Da nun für die Anstellung erleichterte Vorschriften erlassen sind (s. o. § 349), entfallen die Erschwerungen bei Kündigung und Entlassung (§ 7 VO. vom 5. II. 19, RGBl. S. 181). Geblieben ist nur die Vorschrift des § 354 Abs. 2, wonach nach 10 jähriger Beschäftigung die Kündigung oder Entlassung nur aus einem wichtigen Grunde stattfinden darf. Die übrigen Vorschriften des § 354 Abs. 1, 3 bis 5 blieben von Änderungen unberührt.

§ 355. Bei Aufstellung der Dienstordnung hatten nach Anhören der volljährigen Angestellten durch den Vorstand sowohl in diesem wie im Ausschuß die Arbeitgeber und die Versicherten getrennt abzustimmen (§ 355 Abs. 2). Diese Vorschrift ist seit 12. II. 19 gefallen (§ 8 VO. v. 5. II. 19, RGBl. S. 181). Mit ihr entfiel daher die Notwendigkeit, besonderer Vorschriften für den Fall, daß eine Einigung beider Gruppen im Vorstand und Ausschuß nicht zustande kam, weshalb der hierfür einschlägige Teil des § 355 Abs. 3

von dem genannten Tage ab ebenfalls aufgehoben ist. Die neue Fassung des § 355 lautet daher:

„Vor Aufstellung der Dienstordnung hat der Vorstand die volljährigen Angestellten zu hören.

Die Dienstordnung bedarf der Genehmigung des Oberversicherungsamts. Diese darf nur versagt werden, wenn ein wichtiger Grund vorliegt, insbesondere wenn Zahl oder Besoldung der Angestellten in augenfälligem Mißverhältnisse zu ihren Aufgaben steht.

Wird die Genehmigung versagt, so entscheidet auf Beschwerde die oberste Verwaltungsbehörde.

Das gleiche gilt für Änderungen der Dienstordnung.“

§ 359. Bisher konnte der Vorstand einer Orts-, Land- oder Innungskrankenkasse mit Genehmigung des ObVersAmts Beamte auf Lebenszeit oder nach Landesrecht unwiderruflich oder mit Anrecht auf Ruhegehalt anstellen. Für Orts-, Land- und Innungskrankenkassen mit mehr als 10000 Versicherten konnte das ObVersAmt nach Anhören des Kassenvorstandes anordnen, daß mindestens die Geschäftsleiter in dieser Weise angestellt werden. Den Beamten, die in dieser Weise angestellt waren, konnte sodann die Landesregierung die Rechte und Pflichten der staatlichen oder gemeindlichen Beamten übertragen.

Mit Wirkung vom 12. II. 19 ab wurden die sämtlichen für diese Regelung einschlägigen Vorschriften des § 359 (Abs. 1 bis 5) aufgehoben (§ 9 VO. v. 5. II. 19, RGBl. S. 181); bestehen blieb lediglich die Vorschrift, daß für Inhaber des Zivilversorgungsscheines (Militäranwärter) kein Vorrecht bei der Stellenbesetzung vorgeschrieben werden darf.

Auch die landesrechtlichen Vorschriften und Anordnungen, die auf Grund des § 359 Abs. 4 getroffen waren, wurden aufgehoben. Kassenangestellte, die demnach am 12. II. 19 die Rechte und Pflichten der staatlichen oder gemeindlichen Beamten bereits besaßen, behielten für ihre Person diese Rechte nur insoweit, als nach Landesrecht für staatliche oder gemeindliche Beamte ein Vorrecht hinsichtlich der Gemeindebesteuerung besteht (§ 10 VO. vom 5. II. 19, RGBl. S. 181). Diejenigen Angestellten, die, ohne nach Landesrecht staatliche oder gemeindliche Beamte zu sein, am 12. II. 19 von einer Orts-, Land- oder Innungskrankenkasse auf Lebenszeit unwiderruflich oder mit Anspruch auf Ruhegehalt angestellt waren, wurden der Dienstordnung ihrer Krankenkasse unterstellt, unbeschadet der Ansprüche oder Anwartschaften auf Gehalt, Ruhegehalt, Wartegeld oder ähnliche Bezüge, die ihnen am genannten Tage bereits zustanden (§ 11 VO. v. 5. II. 19, RGBl. S. 181).

Der große Widerspruch, den diese Vorschriften in der Allgemeinheit fanden, hat nun dazu geführt, daß eine gewisse Wiedereinsetzung der bisher schon mit den Rechten und Pflichten staatlicher oder gemeindlicher Beamter ausgestatteten Angestellten in den vorigen Stand stattfand. Zunächst erhalten solche Angestellte das Recht, dem VersAmt gegenüber ihren Willen kund zu tun, wieder in die ihnen verliehen gewesenen Rechte und Pflichten einzutreten; sie haben ihre diesbezügliche Erklärung binnen 6 Wochen nach dem 29. VI. 19, also bis zum 10. VIII. 19 schriftlich dem Vorsitzenden des Kassenvorstandes einzureichen, der sie umgehend an des VersAmt weiterzugeben hat; die Erklärung wirkt dann von ihrem Eingang beim VersAmt ab (§ 8 Ges. v. 28. VI. 19, RGBl. S. 615). Hatte ferner eine Kasse vor dem 12. II. 19 einen Angestellten aus dem Staats- oder Gemeindedienst unter Vereinbarungen übernommen, durch die er nach § 359 nach einer bestimmten Zeit oder unter bestimmten Voraussetzungen Rechte und Pflichten eines Staats- und Gemeindebeamten erlangt haben würde, so kann ein solcher Angestellter binnen 6 Wochen nach Ablauf dieser Zeit oder nach Eintritt jener Voraussetzungen beim VersAmt beantragen, daß er in die Rechte und Pflichten eines Staats- und Gemeindebeamten eintrete; sollte das VersAmt seinen Antrag ablehnen, so hat er ein Beschwerderecht an das endgültig entscheidende ObVersAmt; die Entscheidungen über den Antrag müssen dem Kassenvorstande mitgeteilt werden (§ 9 Ges. v. 28. VI. 19, RGBl. S. 615). Für solche Angestellte, die demgemäß in die Rechte und Pflichten staatlicher oder gemeindlicher Beamten eintreten oder wieder eintreten, gilt dann die Dienstordnung nicht (§ 10 Ges. v. 28. VI. 19, RGBl. S. 615).

§ 366 vgl. S. 59f.

§ 370. Die Verträge, welche die Krankenkassen mit ihren Ärzten über die Behandlung der Kassenmitglieder abgeschlossen haben, sind meist mit fünfjähriger Bindung eingegangen, sie kommen daher Ende 1918 oder im Laufe des Jahres 1919 zum Ablauf. Die Gefahr, daß eine Vereinbarung über ihre Verlängerung oder der Abschluß neuer Verträge nicht zustande komme, ist angesichts der Forderungen der Ärzte und der gegenwärtigen wirtschaftlichen Lage der Kassen nicht von der Hand zu weisen. Die Möglichkeit eines Eingreifens des zuständigen ObVersAmts gemäß § 370 besteht daher. Um diesem Eingreifen eine Grundlage bei der Beurteilung der Frage zu geben, ob eine Krankenkasse den für den Vertragsabschluß maßgebenden Ärzten angemessene Bedingungen geboten habe, stellt §2 der VO. vom 23. XII. 18 (RGBl. S. 1454) als Richtlinie auf, daß es als Angebot „angemessener Bedingungen“ im Sinne des § 370 anzusehen ist, wenn eine Kasse ihren Ärzten vorgeschlagen hat, die Tätigkeit für die Kasse ohne Unterbrechung vorläufig bis zum 31. XII. 19 unter den Bedingungen des alten Vertrags fortzusetzen, vorbehaltlich jedoch eines Schiedsspruchs über eine Erhöhung der ärztlichen Bezüge für die Zeit vom Ablauf des alten Vertrags ab. Der Vorschlag muß ferner dahin gerichtet gewesen sein, daß die Erhöhung im allgemeinen 20 vH., beim Vorliegen besonderer Verhältnisse aber nicht weniger als 10 vH. und nicht mehr als 33 vH. der alten Sätze betragen darf, während bei Fuhrkosten ohne Rücksicht auf die Grenzen die gegenwärtigen ortsüblichen Preise berücksichtigt werden sollen. Ferner soll danach bei Bezahlung nach den Mindestsätzen der ärztlichen Gebührenordnung eine Heraufsetzung dieser Sätze, die seit dem Jahre 1918 stattgefunden hat, auf die zu bewilligende Erhöhung angerechnet werden.

Für den zu erlassenden Schiedsspruch sollen die Schiedsämter zuständig sein, die auf Grund des Einigungsabkommens zwischen Krankenkassen und Ärzten vom 23. XII. 13 (des sogenannten Berliner Abkommens) errichtet worden sind. Wo ein Schiedsamt noch nicht errichtet ist, kann die Entscheidung einer Schiedsstelle vorbehalten werden, die aus dem Vorsitzenden des ObVersAmts oder seinem Stellvertreter als Vorsitzenden und je zwei von der Kasse und ihren Ärzten gewählten Beisitzern besteht.

Die im § 370 dem ObVersAmte (Beschlußkammer) übertragenen Obliegenheiten nimmt in diesen Fällen dann das VersAmt (Beschlußausschuß) wahr. Gegen seinen Beschluß hat der Kassenvorstand die Beschwerde bei dem ObVersAmte (Beschlußkammer). Dieses entscheidet endgültig.

Das Reichsarbeitsministerium bestimmt, wie die Durchschnittsbeträge des gesetzlichen Krankengeldes im Sinne des § 370 zu ermitteln und wie weit dabei Mitgliederklassen oder Lohnstufen mit einem 6 M.

übersteigenden Grundlohn zu berücksichtigen sind (§§ 1 bis 5 VO. v. 23. XII. 18, RGBl. S. 1454).

§ 384. Das Recht der Kassen mit Familienhilfe auf Erhebung eines Zusatzbeitrags von denjenigen Versicherten, die Familienangehörige haben, ist nunmehr lediglich zur Deckung der in § 205 b festgelegten Leistungen an Familienhilfe zulässig (§ 15 d. Ges. v. 26. IX. 19, RGBl. S. 1757).

§ 386. Um die Deckung der Kosten der Wochenhilfe den Krankenkassen zu ermöglichen, ist nunmehr vorgeschrieben, daß der Beitragssatz, bis zu welchem die Krankenkassen ohne weiteres gehen können, 7,5 vH. an Stelle der bisherigen 4,5 vH. beträgt (§ 16 d. Ges. v. 26. IX. 19, RGBl. S. 1757).

§§ 389, 390. Während bisher die Ortskrankenkassen bei Erreichung eines Beitragssatzes von 6 vH. im Falle der Unmöglichkeit der Deckung der Regelleistungen eine weitere Erhöhung der Beiträge nur unter erschwerten Umständen vornehmen konnten und während bei Land-, Betriebs- und Innungskrankenkassen in diesem Falle die Zuschußpflicht des Gemeindeverbandes, des Arbeitgebers oder der Innung eintrat, ist nunmehr vorgeschrieben, daß diese Vorschrift erst bei Erreichung eines Beitragssatzes von 10 vH. Platz greift (§ 16 d. Ges. v. 26. IX. 19, RGBl. S. 1757).

§ 418. Neue Befreiungen von der Versicherungspflicht auf Grund des § 418 finden nicht mehr statt. Geltende Befreiungen erlöschen, soweit es nicht nach § 419 Abs. 1 früher geschieht, mit dem 31. XII. 19. Die Vorschriften des § 419 Abs. 1 Satz 3, Abs. 2, wonach die Kasse für Versicherungsfälle, welche bei Ablauf der Befreiung bereits eingetreten sind oder im Falle des § 214 in den ersten 3 Wochen nach diesem Ablauf eintreten, nichts zu leisten, vielmehr der Arbeitgeber einzutreten hat und wonach für die Weiterversicherung der Befreiten nach § 313 die Sachlage so gilt, als ob sie bis zum Ablauf der Befreiung Kassenmitglieder gewesen wären, gelten entsprechend; ebenso bleibt es bei der Anwendbarkeit des § 422, der, falls der Arbeitgeber die Unterstützung verweigert, das Eintreten der Kasse unter Ersatzanspruch gegen den Arbeitgeber festlegt (§ 9 VO. v. 3. II. 19, RGBl. S. 191).

Hat ein Arbeitgeber seine in der Landwirtschaft Beschäftigten von der Versicherungspflicht befreit, so hat er bis zum 31. XII. 19 den versicherungsfreien Ehefrauen, Töchtern, Stief- und Pflegetöchtern der Befreiten, die mit diesen in häuslicher Gemeinschaft leben, im Falle ihrer Niederkunft dieselben Leistungen zu gewähren, wie sie ihnen auf Grund der Familienwochenhilfe zustehen. Auch auf ihn gehen dann die Schadenersatzansprüche, die diesen versicherungsfreien Familienmitgliedern gegen Dritte zustehen, über (§ 12 d. Ges. v. 26. IX. 19, RGBl. S. 1757).

§ 419. Da bis zum 31. XII. 19 die Befreiung der in der Landwirtschaft Beschäftigten von der Versicherungspflicht auf Antrag des Arbeitgebers möglich ist (s. o. § 418), so war es nötig, in § 419 Abs. 2 letzter Halbsatz, der die Anwendungen der Vorschriften über die Wochenhilfe in der bisherigen Fassung auf die Befreiten vorsieht, nunmehr den Hinweis auf die neue Fassung, d. i. auf die §§ 195a bis 195c und 197 aufzunehmen (§ 7 d. Ges. v. 26. IX. 19, RGBl. S. 1757).

§ 435. Neue Befreiungen von der Versicherungspflicht für Dienstboten auf Grund des § 435 finden gleichfalls nicht mehr statt. Geltende Befreiungen erlöschen, vorbehaltlich der hinsichtlich der gemeinschaftlichen landwirtschaftlichen Arbeiter und Dienstboten eines Arbeitgebers sowie der besonderen privaten Versicherungseinrichtungen angehörenden Dienstboten (s. u.) getroffenen Ausnahmen am 17. II. 19. Die Vorschriften des § 419 Abs. 1 Satz 3, Abs. 2 und des § 422 (s. o. § 418) gelten auch hier entsprechend.

Sind nach § 435 die im örtlichen Zusammenhange mit einem landwirtschaftlichen Betriebe beschäftigten Dienstboten und zugleich nach § 418 die in diesem landwirtschaftlichen Betriebe Beschäftigten von der Versicherung befreit, so erlischt auf Antrag des gemeinsamen Arbeitgebers auch die Befreiung der nicht zu den landwirtschaftlichen Beschäftigten gehörigen Dienstboten am 31. XII. 19.

Bis zu diesem Zeitpunkt hat dann der Arbeitgeber den versicherungsfreien Ehefrauen, Töchtern, Stief- und Pflegetöchtern der Befreiten, die mit diesen in häuslicher Gemeinschaft leben, im Falle ihrer Niederkunft dieselben Leistungen zu gewähren, wie sie ihnen auf Grund der Familienwochenhilfe zustehen. Auch auf ihn gehen dann die Schadensersatzansprüche, die diesen versicherungsfreien Familienmitgliedern gegen Dritte zustehen, über (§ 12 d. Ges. v. 26. IX. 19, RGBl. S. 1757).

Für Dienstboten, deren Versorgung in Krankheitsfällen eine für solche Zwecke besonders geschaffene Einrichtung übernommen hat, erlischt die Befreiung erst mit dem 29. VI. 19. Müssen dann solche Einrichtungen infolge Wegfalls der Befreiung ihren Geschäftsbetrieb einstellen, so soll die Krankenkasse, der die bisher befreiten Dienstboten als Mitglieder zufallen, tunlichst die von der Einrichtung nicht nur vorübergehend angestellten Personen übernehmen. Mehrere beteiligte Krankenkassen sollen dies anteilig tun. Das Vers.Amt soll hierauf bei den Kassen hinwirken. Sind Dienstboten bei einer solchen Einrichtung nach deren Satzung über das Dienstverhältnis hinaus weiter versichert, so konnten sie binnen drei Wochen nach dem 29. VI. 19 bei der Krankenkasse die Aufnahme als Mitglieder gemäß § 313 in derjenigen Klasse oder Lohnstufe beantragen, welche ihrer Versicherung bei der Einrichtung am meisten entspricht. Auf Beschwerde entschied hierüber das VersAmt endgültig (§§ 11, 12 VO. v. 3. II. 19, RGBl. S. 191.*).

§§ 500, 507. Die Einführung der Familienwochenhilfe durch das Ges. v. 26. IX. 19 (RGBl. S. 1757) und ihr teilweiser Ersatz durch das Reich, der auch den knappschaftlichen Krankenkassen und den Ersatzkassen zusteht, machte einen Hinweis auf die Vorschrift des § 205 d in der Fassung des § 10 d. Ges. v. 26. IX. 19 in § 500 Abs. 1, 507 Abs. 1 Satz 1 notwendig (§ 13 d. Ges. v. 26. IX. 19, RGBl. S. 1757).

§ 518. Durch § 518 ist vorgesehen, daß für Ersatzkassen, deren Mitgliederkreis überwiegend aus Handlungsgehilfen und -lehrlingen, aus Gehilfen und Lehrlingen in Apotheken, aus Bühnen- und Orchestermitgliedern, aus Lehrern und Erziehern, aus Büroangestellten, aus Zieglern oder aus anderen Versicherten, in deren Beruf ein häufiger Wechsel der Beschäftigung von Ort zu Ort üblich ist, besteht, der Bundes-

*) **§§ 466 ff.** Während der Kriegsdauer waren die Vorschriften über die hausgewerbliche KV. aufgehoben (§ 3 Ges. v. 4. VIII. 14, RGBl. S. 337). Auf übereinstimmenden Antrag der beteiligten Gemeinde oder des Gemeindeverbandes und des Vorstandes der KrK. konnte jedoch das OVA. genehmigen, daß die hausgewerbliche KV. durch statutarische Bestimmung geregelt würde. Als Hausgewerbtreibende im Sinne dieser Vorschriften galten dann auch diejenigen, welche in gleicher Weise wie Hausgewerbtreibende (§ 162), aber mit der Maßgabe tätig waren, daß sie nicht für andere Gewerbtreibende, sondern im Auftrag und für Rechnung des Reichs, eines Bundesstaats, eines Gemeindeverbandes, einer Gemeinde, anderer öffentlicher Verbände oder öffentlicher Körperschaften oder von Wohltätigkeitsveranstaltungen, wie vom Roten Kreuz, vom Vaterländischen Frauenverein und dergl. arbeiteten (§ 2 der Bek. v. 28. I. 15, RGBl. S. 49).

rat auf Antrag der Ersatzkasse widerruflich anordnen kann, daß die Krankenkassen an die Ersatzkasse die bei ihnen für Mitglieder, deren Rechte und Pflichten bei der Zwangskasse ruhen, eingehenden Beitragsteile der Arbeitgeber zu $^{4}/_{5}$ abzuführen haben. § 518 wurde zunächst mit Wirkung vom 17. II. 19 ab aufgehoben; desgleichen die vom Bundesrat hinsichtlich der Abführung der Beitragsanteile der Arbeitgeber an die Ersatzkassen erlassenen Anordnungen ab 29. VI. 19 (§ 13 VO. v. 3. II. 19, RGBl. S. 191).

Auf Grund des Ges. v. 28. VI. 19 (RGBl. S. 615) erfolgte jedoch eine Wiederherstellung des § 518, indem nunmehr ab 29. VI. 19 an seine Stelle die Vorschrift tritt, daß Ersatzkassen, für die auf Grund des § 518 eine Anordnung über die Abführung von Beitragsanteilen der Arbeitgeber erlassen ist, für versicherungspflichtige Mitglieder, deren Rechte und Pflichten bei der Krankenkasse nach § 517 Abs. 1 ruhen, Anspruch auf den vollen Beitragsteil des Arbeitgebers haben; der Arbeitgeber hat jedoch den Beitragsteil statt an die Krankenkasse nunmehr unmittelbar an die Ersatzkasse einzuzahlen. Entsteht zwischen dem Arbeitgeber und der Ersatzkasse Streit über die Einzahlung des Anteils, so entscheidet hierüber das VersAmt (Beschlußausschuß) und auf Beschwerde endgültig das ObVersAmt; Abgabe der Sache an das RVA. nach § 1799 ist möglich. Rückständige Beitragsanteile eines Arbeitgebers werden wie Gemeindeabgaben beigetrieben und verjähren, soweit sie nicht absichtlich hinterzogen sind, in zwei Jahren nach Ablauf des Kalenderjahrs der Fälligkeit; der dem Arbeitgeber etwa zustehende Anspruch auf Rückerstattung von Beitragsanteilen verjährt in 6 Monaten nach Ablauf des Kalenderjahrs, in dem die Beiträge entrichtet worden sind. Scheidet ein versicherungspflichtiges Ersatzkassenmitglied aus der Ersatzkasse aus oder nimmt es seinen Antrag auf Ruhen der Rechte und Pflichten bei der Krankenkasse zurück, so haben die nach § 522 verpflichteten Organe oder Angestellten der Ersatzkasse den Arbeitgeber hiervon zu benachrichtigen; die Benachrichtigung hat binnen einer Woche nach dem Eintritt der Veränderung zu geschehen, widrigenfalls das VersAmt gegen die Organe oder Angestellten eine Geldstrafe bis zu 20 M. aussprechen kann (Ziff. III Ges. v. 28. VI. 19, RGBl. S. 615)*).

III. Unfallversicherung**).

§ 548. Die Vorstände der Berufsgenossenschaften können die Versicherungspflicht auf Betriebsbeamte

*) **§ 519.** Wie bei den Zwangskassen, so sind auch bei den Ersatzkassen Mitglieder, die während des Krieges Kriegs-, Sanitäts- oder ähnliche Dienste dem Reiche oder einer mit ihm verbündeten Macht geleistet haben, und aus diesem Anlaß aus der Ersatzkasse ausgeschieden sind, binnen 6 Wochen nach der Rückkehr in die Heimat, d. i. nach ihrer Dienstentlassung berechtigt, wieder in die Ersatzkasse einzutreten. Voraussetzung ist, daß sie mindestens bis zum Diensteintritt Mitglied einer Ersatzkasse waren und beim Diensteintritt nach §§ 313, 314 berechtigt waren, Mitglied einer KrK. oder knappschaftlichen KrK. zu bleiben oder mindestens ein Jahr hindurch ununterbrochen einer Ersatzkasse oder teils einer Ersatzkasse, teils einer KrK. angehörten (§§ 7, 8, 1, 2 Bek. v. 5. VII. 1916, RGBl. S. 655). Beantragt nun ein solches versicherungspflichtiges Mitglied einer Ersatzkasse binnen 3 Monaten nach dem Wiedereintritt in die Ersatzkasse das Ruhen der Rechte und Pflichten bei der KrK., so wirkt der Antrag auch dann von seinem Eingang bei der Kr.K an, wenn er beim Eintritt in diese nicht rechtzeitig im Sinne des § 519 Abs. 1 gestellt worden oder die Wiederaufnahme in die Ersatzkasse erst nach dem Eintritt in die Krankenkasse geschehen ist. Der KrK. ist Name und Sitz der Ersatzkasse mitzuteilen und die Wiederaufnahme in die Ersatzkasse nachzuweisen. Wird die Frist von 3 Monaten nicht innegehalten, so bewendet es bei den Vorschriften des § 520 (§ 14 VO. v. 3. II. 19, RGBl. S. 191).

) **Zu § 544. Diejenigen Angehörigen feindlicher Staaten, welche ohne Kriegsgefangene zu sein, auf Grund von Maßnahmen der deutschen Heeresverwaltung zum Zwecke ihrer Beschäftigung nach Deutschland gekommen oder überführt worden sind, waren, soweit sie wegen der durch diese Maßnahmen bedingten Gestalt ihres Arbeitsverhältnisses nicht als versichert i. S. der RVO. galten, den Vorschriften der RVO. über UV. unterstellt (§ 1 Bek. v. 25. I. 17, RGBl. S. 79).

Diejenigen Angehörigen feindlicher Staaten, welche wegen der ihnen als solchen durch Anordnung deutscher Behörden auferlegten erstrecken, deren Jahresarbeitsverdienst den in der RVO. oder in der Satzung oder Nebensatzung für die Grenze der Versicherungspflicht vorgesehenen Betrag übersteigt; der Beschluß des Vorstandes bedarf der Genehmigung der für die Genehmigung der Satzung zuständigen Behörde; er tritt, sofern kein anderer Zeitpunkt bestimmt ist, mit dem Tage der Genehmigung in Wirkung und bleibt, falls ihm nicht bereits die nächste Genossenschaftsversammlung, der er vorzulegen ist, die Zustimmung versagt, bis zum Ende des Jahres in Kraft, das auf das Jahr folgt, in welchem der Friede geschlossen wird, d. i. voraussichtlich bis zum 31. XII. 20 (Bek. v. 15. XI. 17, RGBl. S. 1056).

§ 555. Wenn eine gegen Unfall versicherte Person bei Herstellung von Kriegsbedarf sich eine Gesundheitsschädigung durch nitrierte Kohlenwasserstoffe der aromatischen Reihe (z. B. Dinitrobenzol, Trinitrotoluol, Trinitroanisol) zugezogen hat und infolge ihrer Einwirkung stirbt, so sind Sterbegeld und Hinterbliebenenrenten unter entsprechender Anwendung der Vorschriften der RVO. auch dann zu gewähren, wenn der Tod nicht als Folge eines Unfalls, sondern als Folge einer allmählichen Einwirkung der genannten Stoffe anzusehen ist (Bek. v. 12. X. 17, RGBl. S. 900). Das Gleiche gilt bei Todesfällen infolge der Einwirkung von Gaskampfstoffen oder ihren Ausgangsstoffen und von Nitromethan (VO. v. 9. XII. 18, RGBl. S. 1439).

Beschränkungen den Vorschriften der RVO. über UV. nicht unterlagen, wurden ihnen ab 1. I. 17 unterstellt (Bek. v. 30. III. 17, RGBl. S. 301).

Die im vaterländischen Hilfsdienst beschäftigten Personen unterlagen, auch wenn sie nicht hilfsdienstpflichtig i. S. des § 1 des Ges. v 5. XII. 16 über den vaterländischen Hilfsdienst (RGBl. S. 1333) waren, den Vorschriften der RVO. über die UV. und zwar auch dann, wenn die Beschäftigung im Ausland ausgeführt wurde und nicht als unselbständiger Bestandteil (Ausstrahlung) eines inländischen Betriebs anzusehen war (§§ 1, 10 VO. v. 24. II. 17, RGBl. S. 171).

§ 559. Die während des Krieges eingetretene und noch immer anhaltende Teuerung hat die Rentenbezüge der Unfallversicherung, namentlich diejenigen der schwerbeschädigten Unfallrentner nicht mehr als der wirtschaftlichen Lage angemessen erscheinen lassen. Es wurde daher durch VOn. v. 17. I. und 2. XII. 18 (RGBl. S. 31, 1398) bestimmt, daß Verletzten, die auf Grund der reichsgesetzlichen Unfallversicherung eine Rente von zwei Drittel oder mehr der Vollrente oder mehrere Renten von je weniger als zwei Drittel der Vollrente, aber von insgesamt mindestens $66^2/_3$ vH. beziehen, für die Zeit bis zum 31. XII. 19 auf Antrag eine monatliche, im voraus zahlbare Zulage von 8 M. zu ihrer Rente gewährt wird, sofern sie nicht Ausländer sind, die sich im Ausland aufhalten und nicht Tatsachen die Annahme rechtfertigen, daß die Zulage nicht benötigt wird. Der Antrag ist an den Versicherungsträger oder an das VersAmt zu richten. Ist der Antrag an einen anderen als den zur Entscheidung zuständigen Versicherungsträger oder an ein VersAmt gerichtet, so ist er unverzüglich an den zuständigen Versicherungsträger abzugeben und der Tag des Eingangs mitzuteilen.

§ 592. Der Anspruch der Kinder einer verheirateten weiblichen Versicherten auf Hinterbliebenenrente bei Tötung der Mutter war bisher u. a. von der Voraussetzung abhängig, daß der Ehemann erwerbsunfähig war und die Ehefrau deshalb den Unterhalt ihrer Familie ganz oder überwiegend aus ihrem Arbeitsverdienste bestreiten mußte.

Während des Krieges haben nun viele Ehefrauen infolge der Einberufung des Mannes gleichfalls eine Erwerbstätigkeit ergriffen und aus ihrem Arbeitsverdienst ihre Familie unterhalten. Es ist daher nunmehr bestimmt, daß für den Anspruch der Kinder

der Militärdienst des Ehemanns der Erwerbsunfähigkeit i. S. des § 592 Abs. 1 gleichsteht; als Militärdienst gilt hierbei auch der Dienst des Unterpersonals der freiwilligen Krankenpflege (§ 1 VO. v. 23. XII. 18, RGBl. S. 1453).

§ 608. Ist ein Antrag auf Gewährung einer Zulage zu einer Verletztenrente (s. o. § 559) endgültig abgelehnt worden, so kann der Antrag nur wiederholt werden, wenn glaubhaft bescheinigt wird, daß inzwischen Umstände eingetreten sind, welche die Gewährung der Zulage rechtfertigen (§ 4 Bek. v. 17. I. 18, RGBl. S. 31, i. d. Fassung d. Bek. v. 2. XII. 18, RGBl. S. 1398).

§ 615. Für die Dauer des Ruhens der Rente fällt die Zulage zu den Verletztenrenten (s. o. § 559) weg (§ 5 Satz 2 Bek. v. 17. I. 18, RGBl. S. 31, i. d. Fassung d. Bek. v. 2. XII. 18, RGBl. S. 1398).

§ 726. Die Zulage zu einer Rente (s. o. § 559) wird dem Berechtigten auf Anweisung des Versicherungsträgers vorschußweise durch die für die Rentenzahlung zuständige Postanstalt gegen Quittung ausgezahlt; die Zahlstelle wird dem Berechtigten von dem Versicherungsträger mitgeteilt (§ 6 Bek. v. 17. I. 18, RGBl. S. 31, i. d. Fassung der Bek. v. 2. XII. 18, RGBl. S. 1398).

§ 727. Die Vorschrift des § 727, wonach jede Person, die berechtigt ist, ein öffentliches Siegel zu führen, befugt ist, die bei den Zahlungen erforderlichen Bescheinigungen zu beglaubigen, gilt auch für die Zahlungen der Zulagen zu den Verletztenrenten (s. o. § 559; § 7 Bek. v. 17. I. 18, RGBl. S. 31, i. d. Fassung der Bek. v. 2. XII. 18, RGBl. S. 1398).

§§ 731 ff. Die Genossenschaften haben die Mittel für die Erstattung der Zulagen zu den Verletztenrenten (s. o. § 559) in gleicher Weise wie die Mittel für ihre übrigen Leistungen aufzubringen (§ 10 Bek. v. 17. I. 18, RGBl. S. 31, i. d. Fassung der Bek. v. 2. XII. 18, RGBl. S. 1398).

Die Vorstände der Berufsgenossenschaften können seit dem 1. I. 17 mit Zustimmung des RVA. (LVAmt) bestimmen, daß die während des Krieges neu errichteten oder neu eingerichteten Betriebe, die ausschließlich oder überwiegend für den Bedarf des Heeres oder der Marine arbeiten, zu dem auf sie entfallenden Umlagenbeitrage für eine bestimmte Zeit einen Zuschlag bis zur doppelten Höhe dieses Beitrags zu entrichten haben. Die Zuschläge sind zu einem Vermögensstock anzusammeln, der zur Ermäßigung der Umlage späterer Jahre zu verwenden ist. Das Nähere bestimmt das RVA. (LVAmt).

Die Vorstände der Berufsgenossenschaften können mit Zustimmung des RVA. (LVAmt) bestimmen, daß die Betriebe, die von voraussichtlich vorübergehender Dauer oder besonders gefährlich sind, Vorschüsse auf die Umlagenbeiträge nach Maßgabe des § 738 Abs. 3 und 4 für eine bestimmte Zeit und zu bestimmten Fälligkeitstagen zu zahlen haben (Bek. v. 11. II. 18, RGBl. S. 81).

§ 732. Überließ eine deutsche Militärverwaltung Kriegsgefangene an Unternehmer zur Beschäftigung in solchen Betrieben oder Tätigkeiten, welche nach den Vorschriften der RVO. der UV. unterliegen, so war der für die Überlassung der Kriegsgefangenen zu entrichtende Entgelt ab 1. I. 17 bei der Berechnung der Beiträge oder Prämien, die der Unternehmer an den Träger der UV. zu zahlen hatte, entsprechend zu berücksichtigen (§ 3 Ges. v. 15. VIII. 17, RGBl. S. 725).

§ 777. Die obersten Postbehörden weisen binnen 8 Wochen nach dem 31. XII. 18 bzw. dem 31. XII. 19 den Versicherungsträgern die für sie geleisteten Zahlungen an Zulagen zu den Verletztenrenten (s. o. § 559) nach und bezeichnen die Postkassen, an die sie zu erstatten sind. Die nach dem 31. XII. 18 bzw. 31. XII. 19 von der Post geleisteten Zahlungen sind bei den Nachweisungen nach § 777 Abs. 1 zu berücksichtigen (§ 8 Bek. v. 17. I. 18, RGBl. S. 31, i. d. Fassung der Bek. v. 2. XII. 18, RGBl. S. 1398).

§ 778. Der Versicherungsträger hat den für verausgabte Zulagen zu Renten (s. o. § 559) zu erstattenden Betrag binnen 3 Monaten nach Empfang des Forderungsnachweises an die bezeichnete Postkasse abzuführen. Der Bundesrat (Reichsrat) kann auf Antrag des Genossenschaftsvorstandes nach Anhören des RVA. (LVAmt) die Frist für die Erstattung um höchstens 10 Jahre verlängern. § 781 über die Einleitung des Zwangsverfahrens bei nicht rechtzeitiger Deckung der Ansprüche der Post und § 782 über das Recht des RVA., zur Deckung der Ansprüche der Post über bereite Bestände der Genossenschaftskassen zu verfügen und ev. die Zwangsbeitreibung gegen die Mitglieder der Genossenschaft durchzuführen, gilt entsprechend (§ 9 Bek. v. 17. I. 18, RGBl. S. 31, i. d. Fassung der Bek. v. 2. XII. 18, RGBl. S. 1398)*).

§ 861. S. o. § 50.

§ 892. Ausführungsbehörde für die UV. von Tätigkeiten im vaterländischen Hilfsdienst im Ausland, die der UV. unterstellt sind (s. o. zu § 544), ist für die nicht einer deutschen Heeresverwaltung, der

*) §§ 818 ff. Während des Krieges konnten die Vorstände der gewerblichen BGn. Vorschriften zur Verhütung von Unfällen (§§ 848 ff.) ohne vorherige Begutachtung durch die Sektionsvorstände (§ 852) und ohne Mitwirkung der Genossenschaftsversammlung erlassen. Die weiteren Vorschriften der RVO. über den Erlaß von Unfallverhütungsvorschriften wurden hierdurch nicht berührt.

Die erlassenen Unfallverhütungsvorschriften treten mit Ende des Kalenderjahrs außer Kraft, das dem Jahre folgt, in welchem der Krieg beendet ist, d. i. voraussichtlich am 31. XII. 20 (Bek. v. 19. II. 18, RGBl. S. 85).

Reichs-Marineverwaltung oder der Reichs-Post- und Telegraphenverwaltung unterstehenden Betriebe der Vorstand der Tiefbau-BG. in Berlin-Wilmersdorf (§§ 14 bis 16 der Satzung der BG.), soweit nicht nach § 1 der Bek. v. 2. VI. 17 (RGBl. S. 479) i. d. Fassung d. Bek. v. 31. XII. 17 (RGBl. 18, S. 11) die Abteilung für Handel und Gewerbe beim Generalgouvernement in Belgien oder der Verwaltungschef bei dem Generalgouvernement Warschau zuständig war (§ 1 Bek. v. 19. I. 18, RGBl. S. 49); mit dem 14. IV. 19 tritt der Vorstand der Tiefbau-BG. auch an die Stelle der Abteilung für Handel und Gewerbe beim Generalgouvernement in Belgien und des Verwaltungschefs bei dem Generalgouvernement Warschau (Bek. v. 8. IV. 19, RGBl. S. 381).

§§ 898 ff. Auf feindliche Militärpersonen oder ihnen gleichgestellte Personen, die in deutscher Kriegsgefangenschaft in Betrieben oder Tätigkeiten beschäftigt wurden, welche nach den Vorschriften der RVO. der UV. unterliegen, und auf ihre Hinterbliebenen sind § 898 Satz 1 und die §§ 899, 900 entsprechend anzuwenden. Dabei gehen Ansprüche aus einem vorsätzlich herbeigeführten Unfall auf die deutsche Militärverwaltung im Umfang der von ihr aus Anlaß des Unfalls gemachten Aufwendungen über. Die Ansprüche gegen den Unternehmer oder die ihm gleichgestellten Personen können von den Kriegsgefangenen und ihren Hinterbliebenen nur dann geltend gemacht werden, wenn in dem Staate, dessen Streitkräften der beschädigte Kriegsgefangene angehört, die Gegenseitigkeit verbürgt ist (§ 4 Ges. v. 15. VIII. 17, RGBl. S. 725).

§ 925. S. o. zu § 548.

§ 936. Der Jahresarbeitsverdienst von Arbeitern, die nicht unter die §§ 931 bis 935 fallen, war bisher nach dem am Beschäftigungsort üblichen Durchschnittsverdienste zur Zeit des Unfalls bemessen. Die Festsetzung dieses Durchschnittsverdienstes erfolgte durch das ObVersAmt nach Anhören des VersAmts. Für Unfälle, die nach dem 1. X. 18 eintreten, gilt nun bis auf weiteres, daß bei solchen Arbeitern die Rente nach einem Jahresarbeitsverdienste berechnet wird, der um 30 vH. höher ist als der zuletzt vor dem 1. VIII. 14 festgesetzte; für Unfälle, die sich nach dem 31. III. 19 ereignen, ist ein Jahresarbeitsverdienst einzusetzen, der um 60 vH. höher ist als der zuletzt vor dem 1. VIII. 14 festgesetzte. Ist seitdem ein Jahresarbeitsverdienst festgesetzt worden, der diesen Satz übersteigt, so bleibt der höhere Satz für die Rentenberechnung maßgebend (VOn. v. 30. IX. 18 und 6. VIII. 19, RGBl. S. 1222, 1369).

§ 1068. Auch in der Seeunfallversicherung erwies sich eine ähnliche Bestimmung als notwendig. Hier ist durch die Bek. vom 2. I. 19 (RGBl. S. 20) bestimmt, daß für die Entschädigung der seit dem 1. I. 18 eingetretenen Unfälle die durch die Bek. des Reichskanzlers vom 19. XII. 12 (RAnz. Nr. 305) festgesetzten durchschnittlichen Monatsheuern bis auf weiteres um 30 vH. erhöht werden. In den Jahren 1919, 1920 und 1921 etwa erforderlich werdende anderweitige Festsetzungen sind dem Staatssekretär des Reichsarbeitsamts übertragen.

IV. Invaliden- und Hinterbliebenenversicherung*).

§ 1253. Die Renten aus der Invaliden- und Hinterbliebenenversicherung werden grundsätzlich für nicht

*) **Zu § 1226.** Die im vaterländischen Hilfsdienst beschäftigten Personen unterlagen, auch wenn sie nicht hilfsdienstpflichtig i. S. des § 1 des Ges. v. 5. XII. 16 über den vaterländischen Hilfsdienst (RGBl. S. 1333) waren, den Vorschriften der RVO. über die InHV. und dies zwar auch dann, wenn die Beschäftigung im Ausland statt-

länger als für ein Jahr rückwärts, gerechnet vom Tage der Antragsstellung ab, gezahlt, es sei denn, daß der Berechtigte durch außerhalb seines Willens liegende Verhältnisse an der rechtzeitigen Antragstellung behindert war. Wenn nun der Versicherte als Angehöriger der bewaffneten Macht des Deutschen Reiches oder eines mit ihm verbündeten oder befreundeten Staates an dem gegenwärtigen Kriege teilgenommen hat (§ 15 BGB.) und während dieser Teilnahme gestorben oder wenn er während dieser Teilnahme vermißt gewesen und sein Tod nachträglich festgestellt worden ist, gilt der Berechtigte im Sinne des § 1253 als verhindert, den Antrag rechtzeitig zu stellen. Das Hindernis gilt als weggefallen mit dem Schlusse des Kalenderjahrs, das dem Jahre folgt, in dem der Krieg beendet ist, d. i. voraussichtlich mit dem 31. XII. 20, oder mit dem Tage einer früheren Eintragung des Todesfalls in das Sterberegister oder einer früheren gerichtlichen Todeserklärung. Unter den gleichen Voraussetzungen gelten die Angehörigen von Versicherten, die nicht zur bewaffneten Macht gehören, wenn sie sich bei ihr aber aufgehalten haben oder ihr gefolgt sind oder wenn sie in die Hände des

---

fand (§§ 1, 15 VO. v. 24. II. 17, RGBl. S. 171). Übten jedoch solche Personen vor ihrem Eintritt in den vaterländischen Hilfsdienst eine die IuHV. begründende Beschäftigung nicht aus und bestand Aussicht, daß sie dies auch nach dessen Beendigung nicht tun würden, so unterlagen sie wegen einer im vaterländischen Hilfsdienst übernommenen, an sich versicherungspflichtigen Beschäftigung der Versicherungspflicht nur dann, wenn sie binnen zwei Monaten nach Beginn der Beschäftigung vom Arbeitgeber die Leistung von Beiträgen forderten (§ 14 VO. v. 24. II. 17, RGBl. S. 171).

Ebenso unterlag eine Person, die eine die IuHV. begründende Beschäftigung vor ihrem durch den Weltkrieg veranlaßten Eintritt in das Personal der freiwilligen Kriegskrankenpflege nicht ausgeübt hat und auch nach Beendigung der Kriegskrankenpflege nicht auszuüben gedachte, wegen einer in der freiwilligen Kriegskrankenpflege übernommenen, an sich versicherungspflichtigen Beschäftigung der Versicherungspflicht nur dann, wenn sie binnen zwei Monaten nach dem 16. III. 17 von ihrem Arbeitgeber die Leistung von Beiträgen verlangt hatte (§ 1 Bek. v. 15. III. 17, RGBl. S. 231).

Feindes geraten sind, als behindert i. S. des § 1253 (§ 2 Bek. v. 28. III. 18, RGBl. S. 165).

Durch § 3 der Bek. v. 14. XII. 18 (RGBl. S. 1437) wurde dann ganz allgemein bestimmt, daß ein Versicherter, der als Angehöriger der bewaffneten Macht des Deutschen Reichs oder eines mit ihm verbündeten oder befreundeten Staates am Weltkrieg teilgenommen hat und während dieser Teilnahme die Voraussetzungen für einen Rentenanspruch erfüllte, als im Sinne des § 1253 verhindert anzusehen ist, den Antrag rechtzeitig zu stellen. In gleicher Weise gelten als behindert Versicherte, die nicht zur bewaffneten Macht gehörten, wenn sie sich bei ihr aufgehalten haben oder ihr gefolgt sind, oder wenn sie in die Gewalt des Feindes geraten sind. Das Hindernis gilt hier mit dem Schlusse des Kalenderjahrs weggefallen, das dem Jahre der Kriegsbeendigung folgt, d. i. voraussichtlich am 31. XII. 20.

§ 1257. Mit Wirkung ab 1. I. 16 ist die Altersgrenze für die Gewährung der Altersrente vom 70. auf das 65. Lebensjahr herabgesetzt worden (Ges. v. 12. VI. 16, RGBl. S. 525).

§ 1280. Die Anwartschaft erlischt nach den geltenden Vorschriften, wenn während zweier Jahre nach dem auf der Quittungskarte verzeichneten Ausstellungstage weniger als 20 Wochenbeiträge auf Grund der Versicherungspflicht oder der Weiterversicherung entrichtet worden sind; für die Selbstversicherung ist diese Mindestzahl an Beiträgen auf 40 festgesetzt (§ 1282). Trotz demgemäß erloschener Anwartschaft bleiben aber seit 14. II. 19 die Ansprüche aus der Invaliden- und Hinterbliebenenversicherung bestehen, wenn die zwischen dem Eintritt in die Versicherung und dem Versicherungsfalle liegende Zeit zu mindestens $^3/_4$ durch ordnungsmäßig verwendete

Beitragsmarken belegt ist (VO. v. 9. II. 19, RGBl. S. 191).

§ 1281. In die Reihe der Ersatztatsachen des § 1281 (Militärdienst, Krankheitszeiten, Bezug einer Invaliden- oder Altersrente oder einer mindestens 20%igen Unfallrente bei gleichzeitiger Beschäftigungslosigkeit) ist nunmehr auch der Bezug einer Rente von mindestens 20 vH. getreten, die wegen einer im gegenwärtigen Kriege erlittenen militärischen Dienstbeschädigung gewährt wird (§ 4 Bek. v. 28. III. 18, RGBl. S. 165).

Als anrechenbare Militärdienstzeiten gelten nicht nur die dem Deutschen Reiche geleisteten Militärdienste, sondern auch diejenigen, welche während des Weltkriegs der Österreichisch-ungarischen Monarchie oder einer anderen mit dem Deutschen Reiche verbündeten oder befreundeten Macht geleistet worden sind (Bek. v. 26. XI. 14, RGBl. S. 485, und § 1 Bek. vom 28. III. 18, RGBl. S. 165).

§§ 1284 ff. Wie in der Unfallversicherung, so erwies sich auch in der Invaliden- und Hinterbliebenenversicherung angesichts der herrschenden Teuerung der Betrag der gewährten Renten als zu niedrig. Es wird daher seit 1. II. 18 Empfängern einer Invaliden-Witwen- oder Witwerrente, seit 1. I. 19 auch Empfängern einer Altersrente, sämtlichen sofern sie nicht Ausländer sind, die sich im Ausland aufhalten, für die Zeit bis zum 31. XII. 20 eine Zulage zu ihrer Rente gewährt. Die Zulage beträgt für Empfänger einer Alters- oder Invalidenrente monatlich 8 M. (seit 1. X. 19 monatlich 20 M.), für Empfänger einer Witwen- oder Witwerrente monatlich 4 M. (seit 1. X. 19 monatlich 10 M.) und wird im voraus bezahlt (VOn. v. 12. XI. 18, 14. XII. 18 und 21. VIII. 19, RGBl. S. 1310, 1429, 1665).

§ 1286. Als Militärdienstzeiten, die für die Berechnung des Anteils der Versicherungsanstalten an den zu zahlenden Renten in Betracht kommen, gelten nicht nur die Zeiten, in denen dem Deutschen Reiche Militärdienste geleistet wurden, sondern auch die Zeiten solcher Militärdienste, die während des Weltkriegs der Österreichisch-ungarischen Monarchie oder einer anderen mit dem Deutschen Reiche verbündeten oder befreundeten Macht geleistet worden sind (Bek. v. 26. XI. 14, RGBl. S. 485, und § 1 Bek. v. 28. III. 18, RGBl. S 165).

§ 1291. Seit 1. I. 16 ist die Vorschrift, wonach die dem Empfänger einer Invalidenrente, der Kinder unter 15 Jahren hat, gewährte Invalidenrente für jedes Kind um $^1/_{10}$, aber nicht höher als bis zum $1^1/_2$ fachen Betrage erhöht wird, dahin geändert, daß die Beschränkung auf den $1^1/_2$ fachen Betrag in Wegfall kommt (Ges. v. 12. VI. 16, RGBl. S. 525).

§ 1292. Seit 1. I. 16 beträgt der Anteil der Versicherungsanstalt bei Waisenrenten nicht mehr für eine Waise $^3/_{20}$ und für jede weitere Waise $^1/_{40}$, sondern für jede Waise $^3/_{20}$ des Grundbetrags und der Steigerungssätze der Invalidenrente, die der Ernährer zur Zeit seines Todes bezog oder bei Invalidität bezogen hätte (Ges. v. 12. VI. 16, RGBl. S. 525).

§ 1294. Die Vorschrift des § 1294, welche die Renten der Hinterbliebenen Versicherter auf bestimmte Höchstsummen begrenzte, ist seit 1. I. 16 aufgehoben (Ges. v. 12. VI. 16, RGBl. S. 525).

§ 1295. Eine natürliche Folge dieser Bestimmung ist die Aufhebung des § 1295, wonach sich beim Ausscheiden eines Hinterbliebenen die Renten der übrigen bis zum zulässigen Höchstbetrag erhöhen (Ges. v. 12. VI. 16, RGBl. S. 525).

§ 1300. Unter den Voraussetzungen, daß der Versicherte als Angehöriger der bewaffneten Macht des Deutschen Reichs oder eines mit ihm verbündeten oder befreundeten Staates an dem Weltkriege teilgenommen hat (§ 15 BGB.), oder daß er, ohne zur bewaffneten Macht zu gehören, sich bei ihr aufgehalten hat oder ihr gefolgt ist, oder daß er in die Gewalt des Feindes geraten ist, und daß er während dieser Teilnahme verstorben oder während dieser Teilnahme vermißt gewesen und sein Tod nachträglich festgestellt worden ist, beginnt die Jahresfrist, innerhalb deren der Antrag auf Witwengeld nach § 1300 gestellt werden muß, mit dem Schlusse des Kalenderjahrs, das dem Jahre folgt, in dem der Krieg beendet ist, d. i. mit dem 31. XII. 20, oder mit dem Tage einer früheren Eintragung des Todesfalls in das Sterberegister oder einer früheren gerichtlichen Todeserklärung. Ist eine Witwe innerhalb der letzten 3 Monate dieser oder der im § 1300 vorgeschriebenen Frist infolge von Kriegsverhältnissen verhindert gewesen, den Anspruch auf das Witwengeld geltend zu machen, so gilt der Anspruch als rechtzeitig erhoben, wenn er vor dem Ablauf von 3 Monaten nach dem Wegfall des Hindernisses geltend gemacht wird (§ 3 Bek. v. 28. III. 18, RGBl. S. 165).

Zu § 1303. Stirbt ein Versicherter oder ein zum Bezuge einer Hinterbliebenenrente oder eines Witwengeldes Berechtigter, ohne seinen Anspruch erhoben zu haben, und ist er an der Erhebung durch Kriegsverhältnisse verhindert gewesen, so sind zur Geltendmachung des Anspruchs und zum Bezuge der auf die Zeit bis zum Todestag entfallenden Beträge nacheinander berechtigt der Ehegatte, die Kinder, der Vater, die Mutter, die Geschwister, wenn sie mit dem Berechtigten z. Zt. seines Todes in häuslicher Gemeinschaft gelebt haben.

Verhinderung dieser Hinterbliebenen durch Kriegsverhältnisse ist auch anzunehmen, wenn ein Versicherter als Angehöriger der bewaffneten Macht des Deutschen Reichs oder eines mit ihm verbündeten oder befreundeten Staates an dem gegenwärtigen Kriege teilgenommen hat (§ 15 BGB.) und während dieser Teilnahme verstorben oder wenn er während dieser Teilnahme vermißt gewesen und sein Tod nachträglich festgestellt worden ist; das gleiche gilt, wenn der Versicherte nicht zur bewaffneten Macht gehörte, sich aber bei ihr aufgehalten hat oder ihr gefolgt ist, oder wenn er in die Gewalt des Feindes geraten ist. Das Hindernis gilt als weggefallen mit dem Schlusse des Kalenderjahrs, das dem Jahre folgt, in dem der Krieg beendet ist, also voraussichtlich mit dem 31. XII. 20 oder mit dem Tage einer früheren Eintragung des Todesfalls in das Sterberegister oder einer früheren gerichtlichen Todeserklärung (§ 4 Bek. v. 14. XII. 18, RGBl. S. 1437).

§§ 1311 ff. Während der Zeit des Ruhens der Invaliden-, Alters-, Witwen- oder Witwerrente ruht auch die zu diesen Renten zu zahlende Zulage (s. o. § 1284; § 4 Bek. v. 3. I. 18 u. § 3 Bek. v. 14. XII. 18 in der Fassung der VOn. v. 12. XI. 18 u. 21. VIII. 19, RGBl. 18 S. 7, 1310, 1429; 19 S. 1665).

§ 1359. S. o. zu § 50.

§ 1370. Als Militärdienstzeiten, welche eine Sonderanstalt, falls sie die Beiträge nicht durch Marken erhebt, den Austretenden in besonderer Bescheinigung zu bestätigen hat, gelten nicht nur die Zeiten, in denen dem Deutschen Reiche Militärdienste geleistet wurden, sondern auch die Zeiten solcher Militärdienste, die während des Weltkriegs der Österreichisch-ungarischen Monarchie oder einer anderen mit dem Deutschen Reiche verbündeten oder befreundeten Macht geleistet worden sind (Bek. vom 26. XI. 14, RGBl. S. 485, und § 1 Bek. v. 28. III. 18, RGBl. S. 165).

§ 1374. Den Sonderanstalten, die ihre Zahlungen ohne Vermittlung der Postanstalten selbst leisten, überweist das Reich einen Vorschuß, der dem Betrag entspricht, den die Sonderanstalt voraussichtlich an Zulagen zu Alters-, Invaliden-, Witwen- und Witwerrenten (s. o. § 1284) zu zahlen hat; der Zuschuß wird der Sonderanstalt in monatlichen Teilbeträgen überwiesen (§ 7 Abs. 2 Bek. v. 3. I. 18 u. § 6 Abs. 2 Bek. v. 14. XII. 18, i. d. Fassung der VOn. v. 12. XI. 18 u. 21. VIII. 19, RGBl. 18 S. 7, 1310, 1429; 19 S. 1665).

§ 1383. Die Zulage zu den Alters-, Invaliden-, Witwen- und Witwerrenten (s. o. § 1284) wird dem Berechtigten ohne besondere Anweisung des Versicherungsträgers vorschußweise durch diejenige Zahlstelle der Post, welche dem Empfänger bezeichnet ist, gegen Quittung ausgezahlt (§ 7 Abs. 1 Bek. v. 3. I. 18 und § 6 Abs. 1 Bek. v. 14. XII. 18, i. d. Fassung der VOn. v. 12. XI. 18 u. 21. VIII. 19, RGBl. 18 S. 7, 1310, 1429; 19 S. 1665).

§ 1384. Die Vorschrift des § 1384, wonach jede Person, die berechtigt ist, ein öffentliches Siegel zu führen, befugt ist, die bei den Zahlungen der Leistungen der I. u. H.V. erforderlichen Bescheinigungen zu beglaubigen, gilt auch für die Zahlungen der Zulagen zu den Alters-, Invaliden-, Witwen- und Witwerrenten (s. o. § 1284; § 8 Bek. v. 3. I. 18 u. § 7 Bek. v. 14. XII. 18, i. d. Fassung der VOn. v. 12. XI. 18 u. 21. VIII. 19, RGBl. 18 S. 7, 1310, 1429; 19 S. 1665).

§ 1392. Seit 1. 1. 17 betragen die Wochenbeiträge

in Lohnstufe	I	18 Pf.	statt	bisher	16 Pf.
„ „	II	26 „	„	„	24 „
„ „	III	34 „	„	„	32 „
„ „	IV	42 „	„	„	40 „
„ „	V	50 „	„	„	48 „

(Ges. v. 12. VI. 16, RGBl. S. 525).

§ 1393. Zu den Ersatztatsachen des § 1393 gegehören vor allem die Militärdienstzeiten der Versicherten. Als solche gelten nicht nur die Zeiten, in denen dem Deutschen Reiche Militärdienste geleistet wurden, sondern auch die Zeiten solcher Militärdienste, die während des Weltkrieges der Österreichisch-ungarischen Monarchie oder einer anderen mit dem Deutschen Reiche verbündeten oder befreundeten Macht geleistet worden sind (Bek. v. 26. XI. 14, RGBl. S. 485, und § 1 Bek. v. 28. III. 18, RGBl. S. 165).

Die Anrechnung von Ersatztatsachen war bisher nur denjenigen Versicherten zugestanden, die vorher berufsmäßig, nicht nur vorübergehend versicherungspflichtig beschäftigt gewesen sind. Nunmehr werden sie auch solchen Versicherten angerechnet, die während des Krieges dem Deutschen Reiche, der Österreichisch-ungarischen Monarchie oder einer anderen dem Deutschen Reiche verbündeten oder befreundeten Macht Kriegsdienste geleistet haben, sofern nur die Anwartschaft dieser Versicherten aufrechterhalten ist oder zufolge der den Kriegsteilnehmern eingeräumten Erleichterung in der nachträglichen Entrichtung von Beiträgen (s. u. §§ 1442 ff.) aufrechterhalten wird. Dabei gelten die entsprechenden Wochen, wenn zuletzt vorher, nicht nur vorübergehend, gültige Selbstversicherungsbeiträge entrichtet wurden, als Selbstversicherungsbeiträge, andernfalls je nach der Art der zuletzt vorher gültig entrichteten Beiträge als zur fortgesetzten Selbstversicherung oder zur Weiterversicherung geleistete Wochenbeiträge der Lohnklasse II (§ 1 Bek. v. 23. XII. 15, RGBl. S. 845).

§ 1396. Die Steigerung der Renten infolge von Militärdienstleistung der Versicherten gehört zur sog. Gemeinlast. Als Militärdienstzeiten in diesem Sinne gelten nicht nur die Zeiten, in denen dem Deutschen Reiche Militärdienste geleistet wurden, sondern auch die Zeiten solcher Militärdienste, die während des Weltkriegs der Österreichisch-ungarischen Monarchie oder einer anderen mit dem Deutschen Reiche verbündeten oder befreundeten Macht geleistet worden sind (Bek. v. 26. XI. 14, RGBl. S. 485, und § 1 Bek. v. 28. III. 18, RGBl. S. 165).

§ 1397. Zur Deckung der Gemeinlast hat jede Versicherungsanstalt vom 1. I. 17 ab 60 v. H. statt der bisherigen 50 v. H. der Beiträge buchmäßig als Gemeinvermögen auszuscheiden (Ges. v. 12. VI. 16, RGBl. S. 525).

§ 1405. Binnen 8 Wochen nach dem 31. XII. 18 bzw. 31. XII. 19 bzw. 31. XII. 20 haben die obersten Postbehörden und die ohne Vermittlung der Postanstalten zahlenden Sonderanstalten der Rechnungsstelle des RVA. mitzuteilen, welchen Gesamtbetrag an Zulagen zu den Alters-, Invaliden,- Witwen- und Witwerrenten (s. o. § 1284) sie ausgezahlt haben (§ 9 Abs. 1 Bek. v. 3. I. 18, Bek. v. 12. XI. 18, § 8 Abs. 1 Bek. v. 14. XII. 18, i. d. Fassung der Bek. v. 21. VIII. 19, RGBl. 18 S. 7, 1310, 1429; 19 S. 1665).

§ 1406. Die Rechnungsstelle des RVA. verteilt die vorgeschossenen Zulagen zu den Alters-, Invaliden-, Witwen- und Witwerrenten (s. o. § 1284) auf die Versicherungsträger nach Maßgabe des am 31. XII. 18 bzw. 31. XII. 19 bzw. 31. XII. 20 vorhandenen, für die Gemeinlast bestimmten Teiles ihres Vermögens; gegen die Verteilung ist Beschwerde an das RVA. zulässig (§ 10 Bek. v. 3. I. 18, Bek. v. 12. XI. 18, § 9 Bek. v. 14. XII. 18, i. d. Fassung der Bek. v. 21. VIII. 19, RGBl. 18 S. 7, 1310, 1429; 19 S. 1665). Die Rechnungsstelle teilt ferner dem Reichskanzler (Reichsarbeitsamt) mit, welche Beträge die einzelnen Versicherungsträger zu erstatten haben (§ 11 Bek. v. 3. I. 18 u. § 10 Bek. v. 14. XII. 18). Die Versicherungsträger erstatten ihren Anteil an den Zahlungen mit je $^1/_{10}$ in den ersten 10 auf das Jahr 18 bzw. 19 folgenden Jahren zugleich mit den Zahlungen der Versicherungsleistungen; die §§ 1408, 1410 RVO. gelten entsprechend, d. h. die Zahlung ist binnen zwei Wochen nach Empfang der Mitteilung aus den bereiten Mitteln zu betätigen, bei mangelnden Mitteln hat der Gemeindeverband oder der Bundesstaat Vorschuß zu leisten, bei nicht rechtzeitiger Deckung der Ansprüche der Post hat das RVA. (LVAmt) auf Antrag der Post das Zwangsbeitreibungsverfahren einzuleiten. Bei Erstattung der Vorschüsse werden die 5%igen Schuldverschreibungen, Schuldbuchforderungen und Schatzanweisungen der Kriegsanleihen des Deutschen Reichs zum Anschaffungspreis oder, wo dieser nicht feststellbar ist, zum Kurse von 97% an Zahlungs Statt genommen (§ 12 Bek. v. 3. I. 18, Bek. v. 12. XI. 18, § 11 Bek. v. 14. XII. 18, i. d. Fassung der Bek. v. 21. VIII. 19, RGBl. 18 S. 7, 1310, 1429; 19 S. 1665).

§ 1416 vgl. S. 60.

§ 1419. Als Militärdienstzeiten, welche bei Rückgabe der Quittungskarten in diese einzutragen sind, gelten nicht nur die Zeiten, in denen dem Deutschen Reiche Militärdienste geleistet wurden, sondern auch die Zeiten solcher Militärdienste, die während des

Weltkriegs der Österreichisch-ungarischen Monarchie oder einer anderen mit dem Deutschen Reiche verbündeten oder befreundeten Macht geleistet worden sind (Bek. v. 26. XI. 14, RGBl. S. 485, und § 1 Bek. v. 28. III. 18, RGBl. S. 165).

§ 1420. Von der Vorschrift, daß ein Versicherter, der seine Karte nicht binnen zwei Jahren nach der Ausstellung zum Umtausch einreicht, die Aufrechterhaltung der Anwartschaft im Streitfall beweisen muß, ist zugunsten von Versicherten deutscher oder österreichisch-ungarischer Staatsangehörigkeit oder der Staatsangehörigkeit einer anderen dem Deutschen Reiche im Weltkrieg verbündeten oder befreundeten Macht dann eine Ausnahme gemacht, wenn diese Versicherten auf Grund der für Kriegsteilnehmer und diesen gleichstehende Personen erleichterten Vorschriften (s. u. §§ 1442 ff.) noch Beiträge nachentrichten können und der Umtausch der Quittungskarte bis zum Schlusse des Kalenderjahrs, das dem Jahre folgt, in dem der Krieg beendet ist, d. i. voraussichtlich bis zum 31. XII. 20, nachgeholt wird (§ 7 Bek. v. 23. XII. 15, RGBl. S. 845).

§ 1438. Den Nachweis geleisteter Militärdienste haben die Versicherten auf Grund ihrer Militärpapiere zu erbringen. Als Militärdienste gelten hierbei nicht nur die Zeiten, in denen dem Deutschen Reiche Militärdienste geleistet wurden, sondern auch die Zeiten solcher Militärdienste, die während des Weltkriegs der Österreichisch-ungarischen Monarchie oder einer anderen mit dem Deutschen Reiche verbündeten oder befreundeten Macht geleistet worden sind (Bek. v. 26. XI. 14, RGBl. S. 485, und § 1 Bek. v. 28. III. 18, RGBl. S. 165).

§ 1442 ff. Die Nachentrichtung von Beitragsmarken ist mit Rücksicht auf den Umstand, daß die

Kriegsereignisse mannigfache Behinderung für die rechtzeitige Entrichtung der Beiträge geschaffen haben, in verschiedener Richtung erleichtert worden.

Zunächst dürfen Versicherte deutscher und österreichisch-ungarischer Staatsangehörigkeit oder der Staatsangehörigkeit einer anderen mit dem Deutschen Reiche verbündeten oder befreundeten Macht, soweit sie während des gegenwärtigen Krieges an der Beitragsleistung zur Invaliden- und Hinterbliebenenversicherung infolge von Maßnahmen feindlicher Staaten gehindert waren, Beiträge, deren Entrichtung wegen Ablaufs der in den §§ 1442, 1443, 1444 Abs. 2 vorgesehenen Fristen unzulässig sein würde, noch bis zum Schlusse desjenigen Kalenderjahrs, das dem Jahre folgt, in dem der Krieg beendet ist, also bis zum 31. XII. 20, nachentrichten. Für freiwillige Beiträge, die beim Eintritt der Behinderung wirksam nachentrichtet werden konnten, gilt dies aber nur in dem Umfang, in dem sie zur Aufrechterhaltung der Anwartschaft erforderlich sind (§§ 1280, 1282). In demselben Umfang ist unter den gleichen Voraussetzungen die Nachentrichtung freiwilliger Beiträge auch nach eingetretener Invalidität oder nach dem Tode des Versicherten zulässig (§ 2 Bek. v. 23. XII. 15, RGBl. S. 845; § 1 Bek. v. 28. III. 18, RGBl. S. 165; § 1 VO. v. 14. XII. 18, RGBl. S. 1437).

Für Versicherte, die während des gegenwärtigen Krieges in deutschen oder österreichisch-ungarischen Diensten oder im Dienste einer anderen mit dem Deutschen Reiche verbündeten oder befreundeten Macht militärische Dienstleistungen verrichteten, dürfen Beiträge, die bei dem Beginne der Dienstleistungen noch wirksam nachentrichtet werden konnten, wenn es sich um Pflichtbeiträge handelt, unbeschränkt, wenn es sich um freiwillige Beiträge handelt, soweit es zur Aufrechterhaltung der Anwartschaft erforderlich ist, noch bis zum Schluße des Kalenderjahres, das dem Jahre folgt, in welchem der Krieg beendet ist, d. i. voraussichtlich bis zum 31. XII. 20 nachentrichtet werden (§ 3 Bek. v. 23. XII. 15, RGBl. S. 845; § 1 Bek. v. 28. III. 18, RGBl. S. 165).

Die Nachentrichtung freiwilliger Beiträge ist nur in der I. oder II. Lohnklasse zulässig. Bezüglich der Entrichtung höherer als der gesetzlichen Beiträge für Zeiten versicherungspflichtiger Beschäftigung verbleibt es bei den bestehenden Vorschriften, vgl. §§ 1248, 1443 (§ 5 Bek. v. 23. XII. 15, RGBl. S. 845).

§ 1446. Da durch § 1 der Bek. v. 23. XII. 15 (RGBl. S. 845) Kriegsteilnehmern, die nicht die Voraussetzungen des § 1393 Abs. 2 erfüllt haben (s. o. § 1393), rückwirkend ab 1. VII. 14 die von ihnen im Militärdienst verbrachten Zeiten als Beitragszeiten angerechnet werden, so war es nötig, Vorsorge zu treffen, daß etwa von solchen Kriegsteilnehmern freiwillig entrichtete Beiträge zurückerstattet werden. Die Rückerstattungsmöglichkeit sieht § 6 der Bek. v. 23. XII. 15 (RGBl. S. 845) vor, und zwar werden den Versicherten die Beiträge auf Antrag zinslos zurückerstattet, sofern sie einen diesbezüglichen Antrag bis zum Ende des Jahres stellen, das dem Jahre folgt, in dem der Krieg beendet ist, also voraussichtlich bis zum 31. XII. 20. Wird auf die Erstattung verzichtet oder wird die Antragsfrist nicht wahrgenommen, so werden, falls die Versicherten höhere Beiträge als solche der Lohnstufe II (s. o. § 1393) entrichtet hatten, ihnen diese Beiträge angerechnet. Sollte es wegen der Rückerstattung zu Streitigkeiten kommen, so gelten die §§ 1459, 1462, 1463 entsprechend.

V. Verfahren.

§ 1542. Die Einführung der Beihilfe bei Schwangerschaftsbeschwerden machte es notwendig, daß in § 1542 bei Aufzählung der Versicherungsfälle, auf Grund deren Ersatzansprüche seitens der Versicherungsträger erhoben werden können, auch das Wort „Schwangerschaft“ eingefügt werde (§ 14 d. Ges. v. 26. IX. 19, RGBl. S. 1757).

Die Vorschriften des § 1542 RVO. über den Übergang von Schadensersatzansprüchen gegen Dritte auf die Krankenkassen gelten entsprechend für den Übergang von Schadensersatzansprüchen, welche versicherungsfreie Familienmitglieder aus Anlaß ihrer Niederkunft gegen Dritte erheben können (§ 205 c in der Fassung des § 10 d. Ges. v. 26. IX. 19, RGBl. S. 1757).

§ 1583. Über den Antrag auf Gewährung von Zulagen zu Verletztenrenten (s. o. § 559) entscheidet der Versicherungsträger schriftlich; bei völliger oder teilweiser Ablehnung des Antrags sind die Gründe mitzuteilen (§ 3 Abs. 1 Bek. v. 17. I. 18, RGBl. S. 31, i. d. Fassung der Bek. v. 2. XII. 18, RGBl. S. 1398).

Zu §§ 1613 ff. Bis zum Schlusse des Kalenderjahrs, das dem Jahre folgt, in welchem der Weltkrieg beendet ist, also voraussichtlich bis zum 31. XII. 20, hat bei Anwendung der §§ 1253, 1300 und 1303 RVO. der Eingang des Antrags bei einem Organe des Versicherungsträgers oder bei einer anderen inländischen Behörde als dem zuständigen Versicherungsamt oder einer ihm durch Anordnung nach § 1616 gleichgestellten Behörde die gleiche Wirkung wie der Eingang des Antrags bei dem zuständigen Versicherungsamte. Als inländisch galt hierbei auch jede Behörde, die vom Deutschen Reiche in besetzten Gebieten eingesetzt war und behördliche Aufgaben einer deutschen Behörde erledigte (§ 2 Bek. v. 14. XII. 18, RGBl. S. 1437).

§ 1675. Gegen die Entscheidung eines Versicherungsträgers auf einen Antrag wegen Gewährung einer Zulage zu einer Verletztenrente (s. o. § 559) ist binnen einem Monat nach Zustellung Einspruch an das ObVersAmt (Spruchkammer) zulässig (§ 3 Abs. 2 Satz 1 der Bek. v. 17. I. 18, RGBl. S. 31, i. d. Fassung der Bek. v. 2. XII. 18, RGBl. S. 1398).

§ 1677. Über den Einspruch gegen eine Entscheidung eines Versicherungsträgers auf einen Antrag wegen Gewährung einer Zulage zu einer Verletztenrente (s. o. § 559) entscheidet endgültig dasjenige ObVersAmt, das zu entscheiden hätte, wenn es sich um eine Berufung gegen einen Endbescheid des Versicherungsträgers handeln würde, also das ObVersAmt, in dessen Bezirk der Berechtigte zur Zeit der Erhebung der Berufung wohnt oder beschäftigt ist (§ 3 Abs. 2 Satz 2, Abs. 3, Bek. v. 17. I. 18, RGBl. S. 31, i. d. Fassung der Bek. v. 2. XII. 18, RGBl. S. 1398).

§ 1693. Die Vorschrift des § 1693 über die Abgabe von Streitsachen an das RVA. gilt auch für die Entscheidung über den Einspruch wegen Verweigerung einer Zulage zu den Renten gemäß § 1 der Bek. v. 17. I. 18, RGBl. S. 31, und Ziff. I, II, IV Abs. 2 der Bek. v. 2. XII. 18, RGBl. S. 1398).

Zu §§ 1703, 1737. Durch die Übertragung des Verfahrens in Militärversorgungssachen an die ObVersÄmter, das RVA. und die LVÄmter war die Einfügung nachstehender Paragraphen in das Gesetz nötig (Art. III der VO. vom 1. II. 19, RGBl. S. 149):

§ 1703 a. Kommt statt der Unfallentschädigung oder neben ihr wegen desselben Leidens oder wegen eines Todesfalls die Versorgung nach den Militärversorgungsgesetzen in Frage, so kann das RVA. den Militärfiskus in dem Verfahren beiladen und zur Zahlung der Gebührnisse verurteilen, auch wenn ein Anspruch gegen ihn bereits rechtskräftig abgelehnt worden ist. Zur Verhandlung und Entscheidung der Sachen sind in diesem Falle aus den zu Beisitzern des Reichs-Militärversorgungsgerichts bestellten Personen ein Vertreter der Militärverwaltung und eine versorgungsberechtigte, aus dem aktiven Militärdienst ausgeschiedene Person, die der Präsident des RVA. bezeichnet, als weitere Beisitzer zuzuziehen. Ihre Teilnahme an den Sitzungen gilt für ihre Vergütung als Teilnahme an einer Sitzung in Sachen der Militärversorgung.

Für das bayer. LVAmt gilt dies entsprechend, sofern der bayr. Militärfiskus beigeladen und verurteilt werden soll. Soll der Reichsmilitärfiskus beigeladen und verurteilt werden, so kann das LVAmt die Sache an das RVA. zur Entscheidung abgeben.

§ 1737a. Die Vorschrift des § 1703a über die Beiladung und Verurteilung des Militärfiskus gilt entsprechend.

VI. Einführungsgesetz zur RVO.

Art. 65 Abs. 1. Infolge Herabsetzung der Altersgrenze für die Altersrente vom 70. auf das 65. Lebensjahr mußte auch eine Herabsetzung der Altersgrenze hinsichtlich der Anrechnung nicht mit Beiträgen belegter Wochen bei solchen Versicherten erfolgen, die beim Inkrafttreten der Versicherungspflicht für ihren Berufszweig eine bestimmte Altersgrenze bereits überschritten hatten. Es wurde daher bestimmt (Ges. v. 12. VI. 16, RGBl. S. 525), daß solchen Versicherten, wenn sie beim Inkrafttreten der Versicherungspflicht für ihren Berufszweig das 35. (bisher 40.) Lebensjahr vollendet haben, auf die Wartezeit für die Altersrente für jedes volle Jahr, um das sie an diesem Tage älter als 35 (bisher 40) Jahre waren, 40 Wochen und für den überschießenden Teil eines solchen Jahres die darauf entfallenden Wochen bis zu 40 angerechnet werden.

Art. 66. Als Militärdienstzeiten, die in den Fällen der Art. 64, 65 einem Arbeits- oder Dienstverhältnis gleich stehen, gelten nicht nur die Zeiten, in denen dem Deutschen Reiche Militärdienste geleistet wurden, sondern auch die Zeiten solcher Militärdienste, die während des Weltkriegs der Österreichisch-ungarischen Monarchie oder einer anderen mit dem Deutschen Reiche verbündeten oder befreundeten Macht geleistet worden sind (Bek. v. 26. XI. 14, RGBl. S. 485, und § 1 Bek. v. 28. III. 18, RGBl. S. 165).

VII. Bek. vom 9. X. 13 über Art und Form der Rechnungsführung der Orts-, Land-, Betriebs- und Innungskrankenkassen (ZBl. S. 1009).

§ 14. Orts-, Land-, Betriebs- und Innungskrankenkassen, welche im Einnahme- und Ausgabebuch entsprechend der Vorschrift des § 14 die Einnahmen und Ausgaben nach den einzelnen Kapiteln und Titeln des Rechnungsabschlusses getrennt aufführen und am Jahresschluß sowohl die Reineinnahme als auch die Reinausgabe feststellen, sind ab 4. XII. 17 von der Aufstellung einer besonderen Jahresrechnung (§ 321 Nr. 7 RVO.) befreit. An Stelle der Jahresabrechnung sind die Kassenbücher vorzulegen.

Sind in der Satzung einer Orts-, Land-, Betriebs- oder Innungskrankenkasse Bestimmungen über die Aufstellung der Jahresrechnung enthalten, so kann, sofern die Kassenbücher in vorstehendem Sinne geführt werden, die Vorlegung der Kassenbücher an die Stelle der besonderen Jahresrechnung treten; einer Satzungsänderung bedarf es hierzu nicht (Bek. vom 30. XI. 17, RGBl. S. 1091).

§ 29. Während bisher sämtliche Kassenbücher mindestens 10 Jahre, gerechnet vom Schlusse des

Kalenderjahrs, auf welches sich die letzte Eintragung im Kassenbuche bezieht, aufbewahrt werden mußten, gilt die zehnjährige Frist jetzt nur mehr für die Krankenbücher; die übrigen Kassenbücher mit den zugehörigen Belegen sind nur mehr mindestens 5 Jahre aufzubewahren (Bek. v. 26. V. 16, ZBl. S. 120).

VIII. Bek. v. 10. XI. 11 über die Einrichtung der Quittungskarten für die Invaliden- und Hinterbliebenen-Versicherung sowie das Entwerten und Vernichten der Beitragsmarken (RGBl. S. 937).

Ziff. I der VO., die von der Einrichtung der Quittungskarten handelt, ist durch die Bek. v. 12. X. 16 über die Einrichtung der Quittungskarten für die Invaliden- und Hinterbliebenenversicherung (RGBl. S. 1167) in verschiedenen Punkten geändert worden.

B. Versicherungsgesetz für Angestellte.

I. Das Gesetz.

§ 1. Mit Wirkung ab 29. VIII. 18 ist die versicherungspflichtige Höchstgrenze an Jahresarbeitsverdienst von 5000 M. auf 7000 M. erhöht worden (§ 1 Bek. v. 28. VIII. 18, RGBl. S. 1085). Es bleiben daher Angestellte, die nach dem AVG. versichert sind und aus der Versicherungspflicht ausscheiden würden, weil sich ihr Jahresarbeitsverdienst auf über 5000 M. erhöht, versicherungspflichtig, sofern ihr Jahresarbeitsverdienst 7000 M. nicht übersteigt. Soweit Angestellte während des Krieges infolge Erhöhung ihres Jahresarbeitsverdienstes auf über 5000 M. bereits aus der Versicherungspflicht ausgeschieden waren, wurden sie ihr ab 29. VIII. 18 wieder unterstellt, sofern ihr Jahresarbeitsverdienst 7000 M. nicht überstieg.*)

§ 15. Die für das Recht auf freiwillige Weiterversicherung erforderliche Zurücklegung von mindestens 6 Beitragsmonaten auf Grund der Versicherungspflicht wird auch durch Kalendermonate erfüllt, in denen ein nach dem AVG. Versicherter im vaterländischen Hilfsdienst in einer Tätigkeit beschäftigt war, in der er der Versicherungspflicht nach dem AVG. nicht unterlag (§ 18 VO. v. 24. II. 17, RGBl. S. 171); ebenso wird sie durch Kalendermonate erfüllt, in denen ein nach Kriegsausbruch aus der Versicherungspflicht wegen Erhöhung seines Jahresarbeitsverdienstes auf über 5000 M. ausgeschiedener, seit 29. VIII. 18 aber wegen Bezugs eines Jahresarbeitsverdienstes von nicht mehr als 7000 M. wieder versicherungspflichtiger Angestellter nicht versicherungspflichtig war, weil sein Jahresarbeitsverdienst mehr als 5000 M. betrug (§ 3 Abs. 1 Bek. v. 28. VIII. 18, RGBl. S. 1085).

Bezieht ein Versicherter während des gegenwär-

---

*) **Zu § 1.** Personen, die vor dem Weltkrieg eine an sich nach dem AVG. versicherungspflichtige Beschäftigung nicht ausgeübt haben und auch nach Beendigung des Krieges nicht auszuüben beabsichtigen, sind für den Fall, daß sie für die Dauer des Kriegszustandes eine an sich versicherungspflichtige Beschäftigung annahmen, durch die Bek. v. 30. IX. 16 (RGBl. S. 1097) als nicht versicherungspflichtig nach dem AVG. erklärt worden. Sie waren jedoch berechtigt, binnen einem Monat nach Beginn des Beschäftigungsverhältnisses bei dem Direktorium oder einem anderen Organe der RfA. zu erklären, daß sie die Versicherungspflicht für sich in Anspruch nehmen wollen; Ersatzkassenmitglieder hatten diese Willenserklärung bei der Ersatzkasse abzugeben. Sind auch ohne Abgabe einer diesbezüglichen Erklärung Beiträge zur AV. entrichtet worden, so dürfen die Leistungen der AV. nicht aus dem Grunde abgelehnt werden, weil die Beiträge zu Unrecht entrichtet seien.

Die im vaterländischen Hilfsdienst beschäftigten Personen unterlagen, auch wenn sie nicht hilfsdienstpflichtig i. S. des § 1 des Ges. v. 5. XII. 16 über den vaterländischen Hilfsdienst (RGBl. S. 1333) waren, den Vorschriften des AVG. und zwar auch dann, wenn ihre Tätigkeit den Vorschriften über AV. nicht unterlegen war, weil sie im Ausland ausgeführt wurde und auch nicht als unselbständiger Bestandteil (Ausstrahlung) eines inländischen Betriebs anzusehen war (§§ 1. 17 VO. v. 24. II 17, RGBl. S 171).

tigen Krieges infolge einer Betriebseinschränkung ein geringeres Entgelt als bisher oder wird er infolge einer Betriebseinschränkung stellenlos, so kann er für die Kriegsmonate Beiträge bis zu dem Betrag entrichten, welcher dem Durchschnitt der letzten 6 vor der Betriebseinschränkung oder -einstellung entrichteten Pflichtbeiträge entspricht. Die Mehrbeträge sind spätestens bis zum Ablauf desjenigen Kalenderjahrs, welches dem Jahre folgt, in welchem der Krieg beendet ist, d. i. voraussichtlich bis zum 31. XII. 20, zu entrichten (§ 9 Bek. v. 26. VIII. 15, RGBl. S. 531).

§ 16. Für die Versicherung von Angestellten, deren Jahresarbeitsverdienst 5000 M. übersteigt, ist die Gehaltsklasse J maßgebend (§§ 1, 2 VO. v. 28. VIII. 18 RGBl. S. 1085).

§ 48. Macht ein Angestellter, der nach Kriegsausbruch wegen Überschreitung der Gehaltsgrenze von 5000 M. aus der Versicherungspflicht ausgeschieden war, seit 29. VIII. 18 aber wegen Bezugs eines 7000 M. nicht übersteigenden Jahresarbeitsverdienstes wieder versicherungspflichtig wurde, von dem ihm zustehenden Rechte der freiwilligen Versicherung für die zurückliegende Zeit, während welcher er nicht versicherungspflichtig war, Gebrauch, so gelten die freiwilligen Beiträge, die er für diese Zeit entrichtet oder bereits während der zurückliegenden Zeit entrichtet hat, als Pflichtbeiträge im Sinne des § 48. Die freiwillige Versicherung ist mit dieser Wirkung nur in der Gehaltsklasse des letzten Pflichtbeitrags vor dem Ausscheiden aus der Versicherung und im Falle des § 177 in derjenigen Gehaltsklasse zulässig, welche diesem Pflichtbeitrag entspricht (§ 3 Abs. 2 VO. v. 28. VIII. 18, RGBl. 1085).

§ 49. Als Beitragsmonate, deren Zurücklegung das Erlöschen der Anwartschaft verhindert, gelten auch Kalendermonate, in denen ein nach dem AVG. Versicherter im vaterländischen Hilfsdienst in einer nach dem AVG. versicherungspflichtigen Tätigkeit beschäftigt war (§ 18 VO. v. 24. II. 17, RGBl. S. 171); ebenso gelten als solche Beitragsmonate Kalendermonate, in denen ein nach Kriegsausbruch aus der Versicherungspflicht wegen Erhöhung seines Jahresarbeitsverdienstes auf über 5000 M. ausgeschiedener, seit 29. VIII. 18 aber wegen Bezugs eines Jahresarbeitsverdienstes von nicht mehr als 7000 M. wieder versicherungspflichtiger Angestellter nicht versicherungspflichtig war, weil sein Jahresarbeitsverdienst mehr als 5000 M. betrug (§ 3 Abs. 1 Bek. v. 28. VIII. 18, RGBl. S. 1085).

§ 50. Eine erloschene Anwartschaft lebt nach dem Gesetze wieder auf, wenn der Versicherte innerhalb des dem Kalenderjahre der Fälligkeit der Beiträge oder der Anerkennungsgebühr folgenden Jahres die rückständigen Beiträge nachzahlt; innerhalb der gleichen Frist muß bei einer während der Wartezeit erloschenen Anwartschaft, falls Stundung der rückständigen Beiträge erlangt werden will, der Antrag bei der Reichsversicherungsanstalt gestellt werden. Diese Frist ist zunächst bis zum Ablauf des Kalenderjahrs, das dem Jahre folgt, in welchem der Weltkrieg beendet ist, d. i. voraussichtlich bis zum 31. XII. 20 verlängert (§ 1 Bek. v. 28. III. 18, RGBl. S. 165).

§ 51. Die auf Militärdienstzeiten bezüglichen Vorschriften des § 51 Nr. 1, 2 gelten entsprechend für Militärdienstzeiten, die während des Weltkriegs in österreichisch-ungarischen Diensten zurückgelegt worden sind (Bek. v. 18. III. 15, RGBl. S. 181).

Die auf Militärdienstzeiten bezüglichen Vorschriften des § 51 Nr. 1, 2 gelten ferner entsprechend für die Zeiten, in welchen der Versicherte während des

Weltkriegs als Angehöriger des Deutschen Reichs, der Österreichisch-ungarischen Monarchie oder einer anderen mit dem Deutschen Reiche im Weltkrieg verbündeten oder befreundeten Macht sich in feindlicher Gefangenschaft befand, ohne daß die Voraussetzungen des § 51 Nr. 1 und 2 vorlagen, d. h. ohne daß er zur Erfüllung der Wehrpflicht eingezogen war oder freiwillig Militärdienste verrichtete (§ 7 Bek. v. 26. VIII. 15, RGBl. S. 531, und Bek. v. 2. VIII. 17, RGBl. S. 680).

Die Anrechnung der Militärdienstzeiten hat der Gesetzgeber im allgemeinen aber nur als Ersatztatsache für das Recht auf freiwillige Fortversicherung und für die Aufrechterhaltung der Anwartschaft, nicht aber auch als Ersatztatsache für die Wartezeit und für die Berechnung der Leistungen gedacht. Sofern jedoch Versicherte im Weltkrieg dem Deutschen Reiche, der Österreichisch-ungarischen Monarchie oder einer mit dem Deutschen Reiche verbündeten oder befreundeten Macht Kriegs-, Sanitäts- oder ähnliche Dienste geleistet haben, werden ihnen die Zeiten dieser Dienste, soweit sie in vollen Kalendermonaten bestehen, auf die Wartezeiten und bei Berechnung der Versicherungsleistungen an Ruhegeld und Hinterbliebenenrenten nach dem AVG. als Beitragszeiten angerechnet, ohne daß Beiträge entrichtet zu werden brauchen. Für die Anrechnung ist die Gehaltsklasse des letzten dem 1. VIII. 14 vorhergehenden Monats maßgebend, für den ein Pflichtbeitrag entrichtet ist. Für Angestellte, die erst nach dem 31. VIII. 14 versicherungspflichtig geworden sind, ist der letzte Pflichtbeitrag maßgebend, der vor Antritt der Kriegsdienste geleistet worden ist. Sind in dem in Betracht kommenden Monat nur Beiträge nach § 177 geleistet, so ist die Gehaltsklasse E maßgebend.

In den Fällen des § 390 wird nur der Arbeitgeberbeitrag angerechnet.

Die bereits geleisteten Beiträge können zurückgefordert werden (s. u. § 209). Wird ein Antrag hierauf nicht gestellt oder wird er abgelehnt, so verbleiben die Beiträge dem Konto des Angestellten, jedoch findet eine Anrechnung der Kriegsmonate als Beitragszeiten nicht statt.

Die Anrechnungsmöglichkeit und das Recht auf Rückerstattung bereits erstatteter Beiträge gilt auch für freiwillig Versicherte. Für solche Versicherte jedoch, die in dem letzten dem 1. VIII. 14 vorhergehenden Monat bei einer zugelassenen Ersatzkasse (§ 372 AVG.) versichert waren, gelten die Bestimmungen nicht (§§ 1, 2, 5, 6 Bek. v. 26. VIII. 15, RGBl. S. 531; Bek. v. 2. VIII. 17, RGBl. S. 680).

§ 54. Geleistete Militärdienste sind durch die Militärpapiere nachzuweisen. Dies gilt auch für Militärdienste, die während des Krieges in österreichisch-ungarischen Diensten oder in den Diensten einer anderen mit dem Deutschen Reiche verbündeten oder befreundeten Macht zurückgelegt worden sind (Bek. v. 18. III. 15, RGBl. S. 181; § 3 Bek. v. 26. VIII. 15, RGBl. S. 531; Bek. v. 2. VIII. 17, RGBl. S. 680).

§§ 60 ff. Die Erstattung von Beiträgen sieht das Gesetz zunächst nur bei Todesfällen weiblicher Angestellter und beim Ausscheiden weiblicher Versicherter aus der versicherungspflichtigen Beschäftigung infolge Verheiratung vor. Der Krieg brachte nun noch eine dritte Möglichkeit. Es wird nämlich den bei der RfA. Versicherten, die im gegenwärtigen Kriege dem Deutschen Reiche oder einem mit ihm verbündeten oder befreundeten Staate Kriegs-, Sanitäts- oder ähnliche Dienste geleistet haben und infolge ihrer Teilnahme am Kriege dauernd berufsunfähig (§ 25 Abs. 1) geworden sind oder werden, auf ihren Antrag die Hälfte der für sie an die RfA. entrichteten Pflichtbeiträge erstattet. Bei freiwilliger Versicherung werden $^3/_4$ der eingezahlten Beiträge erstattet. Der Anspruch auf Beitragserstattung verfällt, wenn er nicht innerhalb eines Jahres nach Eintritt der Berufsunfähigkeit geltend gemacht wird. Die Frist beginnt jedoch nicht vor Schluß desjenigen Kalenderjahrs, in welchem der Krieg beendet ist, d. i. voraussichtlich vor dem 31. XII. 19, zu laufen.

Für das Verfahren gelten die §§ 229 ff.

Die Instanzen der Angestelltenversicherung sind jedoch an die Entscheidungen der obersten Militärbehörde des Kontingents darüber gebunden, ob eine Gesundheitsstörung als eine Dienstbeschädigung und die Dienstbeschädigung als durch den Krieg herbeigeführt anzusehen ist (§§ 1 bis 3 Bek. v. 26. V. 16, RGBl. S. 425).

§ 115. Die Amtsdauer der Vertreter der versicherten Angestellten und ihrer Arbeitgeber und ihrer Ersatzmänner in den Verwaltungsorganen der RfA. ist bis zum Schluß des Kalenderjahrs verlängert, das dem Jahre folgt, in welchem der Krieg beendet ist, d. i. voraussichtlich bis zum 31. XII. 20 (Bek. v. 11. XII. 17, RGBl. S. 1101)*).

§ 136. S. o. zu § 115.

§ 152. S. o. zu § 115.

§ 161. S. o. zu § 115.

§ 164. S. o. zu § 115.

§ 173. Die RfA. hat die erstmalige versicherungstechnische Bilanz für den Schluß des Kalenderjahres aufzustellen, das als viertes dem Jahre folgt, in

---

*) Gilt auch für die Beisitzer der RAe. (§ 136), die Vertrauensmänner (§ 152), die Beisitzer der SchGe. (§ 161) und des OSchG. (§ 164).

welchem der Weltkrieg beendet ist, d. i. voraussichtlich für den 31. XII. 23 (Bek. v. 18. VIII. 17, RGBl. S. 722).

§ 191. Die Bek. v. 29. VI. 12 über die Einrichtung von Vordrucken für die Angestelltenversicherung (RGBl. S. 408) ist, soweit der Vordruck der Versicherungskarte in Betracht kommt, durch Bek. vom 28. IX. 17 (RGBl. S. 876) geändert worden.

§ 201. Im Falle der freiwilligen Fortsetzung der Versicherung oder der Aufrechterhaltung der Anwartschaft sind die Beiträge oder die Anerkennungsgebühr spätestens vor Ablauf des Kalenderjahrs, für das sie gelten sollen, einzuzahlen. Diese Frist ist seit 1. VIII. 14 bis zum Ablauf des Kalenderjahrs, das dem Jahre folgt, in welchem der Krieg beendet ist, d. i. voraussichtlich bis zum 31. XII. 20, verlängert (§ 1 Bek. v. 28. III. 18, RGBl. S. 165).

Waren Versicherte während des Weltkriegs infolge von Maßnahmen feindlicher Staaten verhindert, Beiträge zur freiwilligen Fortsetzung der Versicherung oder die Anerkennungsgebühr für die Aufrechterhaltung der erworbenen Anwartschaften (§ 15) einzuzahlen, so können sie die Beiträge und die Anerkennungsgebühr spätestens bis zum Ablauf desjenigen Kalenderjahrs, welches dem Jahre folgt, in welchem der Krieg beendet ist, d. i. voraussichtlich bis zum 31. XII. 20, nachzahlen (§ 8 Bek. v. 26. VIII. 15, RGBl. S. 531).

§ 205. Pflichtbeiträge sind nach dem Gesetz zurückzuweisen, wenn sie nach Ablauf von zwei Jahren, falls aber die Beitragsleistung ohne Verschulden der Beteiligten unterblieben ist, nach Ablauf von 4 Jahren seit der Fälligkeit entrichtet werden; in diese Frist wird die Zeit des Krieges nicht eingerechnet (§ 2 Bek. v. 28. III. 18, RGBl. S. 167).

§ 209. Beiträge, die in der irrtümlichen Annahme der Versicherungspflicht entrichtet worden sind, können vom Arbeitgeber nicht mehr zurückgefordert werden, wenn seit der Entrichtung zwei Jahre verflossen sind. Für die seit 28. III. 16 entrichteten Beiträge läuft diese Frist aber erst am 1. VII. des Jahres ab, das dem Jahre folgt, in welchem der Krieg beendet ist, d. i. voraussichtlich am 1. VII. 20 (§ 3 Bek. v. 28. III. 18, RGBl. S. 167).

Durch die Bek. v. 26. VIII. 15 (RGBl. S. 531; s. o. § 51) ist die Anrechnung der Militärdienstzeiten, die während des Weltkriegs zurückgelegt wurden, auch für die Berechnung der Leistungen festgelegt worden. Für bereits entrichtete Beiträge ist das Recht auf Rückersatz ausgesprochen worden (§ 4 Bek. vom 26. VIII. 15), und zwar sind Beiträge, die für die bezeichneten Zeiten entrichtet worden sind, soweit sie nicht nach § 398 bereits zurückerstattet sind, dem Arbeitgeber, bei freiwilliger Versicherung dem Versicherten, auf seinen Antrag ohne Zinsen zurückzuzahlen; der Arbeitgeber hat dem Angestellten den von ihm eingezogenen Beitragsteil zu erstatten. Der Antrag auf Rückerstattung von Beiträgen ist spätestens 6 Monate nach Ablauf des Monats zu stellen, in welchem der Friede geschlossen worden ist. Für die Entscheidung von Streitigkeiten über die Rückerstattung von Beiträgen gelten die §§ 210 ff. entsprechend.

§ 228. Der Anspruch auf Rückstände verjährt, soweit sie nicht absichtlich hinterzogen worden sind, in zwei Jahren nach Ablauf des Kalenderjahrs der Fälligkeit. Für Beiträge, die nach dem 1. I. 15 entrichtet wurden, läuft die Verjährungsfrist nicht vor dem Schlusse des Kalenderjahrs, das dem Jahre folgt, in welchem der Krieg beendet ist, d. i. voraussichtlich dem 31. XII. 20 ab (Bek. v. 12. X. 17, RGBl. S. 897).

Der Anspruch auf Rückerstattung von Beiträgen verjährt an sich in 6 Monaten nach Ablauf des Kalenderjahrs, in welchem sie entrichtet worden sind; diese Frist läuft für alle seit dem 1. I. 17 entrichteten Beiträge nicht vor dem 1. VII. des Kalenderjahrs, das dem Jahre folgt, in welchem der Krieg beendet ist, d. i. voraussichtlich vor dem 1. VII. 20 ab (§ 3 Bek. v. 28. III. 18, RGBl. S. 165).

§ 392. Für diejenigen Angestellten, die vor dem 5. XII. 11 mit öffentlichen oder privaten Lebensversicherungsunternehmungen einen Versicherungsvertrag abgeschlossen hatten, hat das Gesetz (§§ 390 ff.) besondere Rechtsverhältnisse geschaffen. Diese Angestellten können vor allem auf ihren Antrag von der eigenen Beitragsleistung befreit werden. Der Arbeitgeber hat dann nur seinen Anteil an die RfA. zu entrichten, wogegen der Arbeitnehmer auch nur die halben Leistungen des Gesetzes erhält. Hat der Arbeitgeber zu den Beiträgen für Versicherungen seiner Angestellten bisher Zuschüsse gezahlt, so kann er diese nun um die an die RfA. zu entrichtenden Beiträge kürzen. Die RfA. selbst aber zahlt auf Antrag des Versicherten die an dem Zuschuß gekürzten Beiträge an die Lebensversicherungsunternehmungen aus den Arbeitgeberbeiträgen weiter, wenn ihr bestimmte Sicherungen durch Abtretung eines Teiles der Forderung aus der Lebensversicherung gegeben werden. Durch den Krieg haben sich nun z. B. durch Kriegstodesfälle, vorzeitige Berufsunfähigkeit Verhältnisse ergeben, die zu einer Benachteiligung der Versicherten und ihrer Angehörigen führen können.

Es ist daher zunächst (§§ 10 bis 14 Bek. v. 26. VIII. 15, RGBl. S. 531) bestimmt, daß die nach § 392 Abs. 3 an die RfA. abgetretenen Versicherungsbeträge, die infolge von Kriegstodesfällen während des gegenwärtigen Krieges fällig geworden sind oder noch werden, an die Hinterbliebenen der Kriegsteilnehmer nach Abzug der von der RfA. an die Lebensversicherungsunternehmungen weitergezahlten Beiträge zuzüglich $3^1/_2$ vH. Zinsen und Zinseszinsen zu erstatten sind. Anspruchsberechtigt sind die im § 60 Abs. 2 bezeichneten Personen. Die Übertragung, Verpfändung und Pfändung dieser Ansprüche ist nur in dem in § 93 vorgeschriebenen Umfang zulässig. Der Anspruch auf Erstattung verfällt, wenn er nicht innerhalb eines Jahres nach dem Tode des Versicherten geltend gemacht worden ist. Für das Verfahren bei Feststellung der Erstattungsansprüche und bei Entscheidung von Streitigkeiten gelten die Vorschriften des AVG. (§§ 229 ff.) entsprechend.

Ist ferner (§§ 1, 2 Bek. v. 14. VI. 16, RGBl. S. 517) nach § 392 Abs. 3 Nr. 3 durch einen Vertrag zwischen dem Versicherten und der RfA. ein Teil der dem Versicherten zustehenden Versicherungsansprüche gegen die Lebensversicherungsunternehmung an die RfA. abgetreten worden, so gehen die Rechte der RfA. aus einem solchen Vertrag auf Antrag des Versicherten wieder auf ihn über, wenn er

1. im gegenwärtigen Kriege dem Deutschen Reiche oder einem mit ihm verbündeten oder befreundeten Staate Kriegs-, Sanitäts- oder ähnliche Dienste geleistet hat;
2. infolge des Krieges berufsunfähig (§ 25) geworden ist oder noch wird, und
3. der RfA. die von ihr nach § 392 Abs. 3 für Angestellte an die Lebensversicherungsunternehmung weitergezahlten Beiträge zuzüglich $3^1/_2$ vH. Zinsen und Zinseszinsen erstattet hat.

Die RfA. hat der Lebensversicherungsunternehmung den Übergang der Ansprüche auf den Versicherten anzuzeigen. Ist die Anzeige der Lebensversicherungsunternehmung zugegangen, so muß diese gegenüber die RfA. den Übergang gegen sich gelten lassen, auch wenn er nicht erfolgt oder nicht wirksam ist. Die durch den Übergang und die Anzeige entstehenden Kosten trägt der Versicherte.

Streitigkeiten, die zwischen dem Versicherten und der RfA. entstehen, entscheidet der Rentenausschuß und auf Berufung das Schiedsgericht endgültig. Für das Verfahren gelten die §§ 229ff. entsprechend. Die Instanzen der Angestelltenversicherung sind an die Entscheidungen der obersten Militärbehörde des Kontingents darüber gebunden, ob eine Gesundheitsstörung als eine Dienstbeschädigung und die Dienstbeschädigung als durch den Krieg herbeigeführt anzusehen ist.

§ 395. Für die Zeit bis zum 31. XII. 15 war vorgesehen, daß die RfA. gestatten kann, daß Angestellte nach vorhergegangener ärztlicher Untersuchung die Wartezeit zum Bezuge der Leistungen durch Einzahlung der entsprechenden Prämienreserve abkürzen. Diese Frist ist zunächst (§ 15 Bek. v. 26. VIII. 15, RGBl. S. 531) für Kriegsteilnehmer und dann (Bek. v. 9. XII. 15, RGBl. S. 815) für alle Personen, die vor dem 1. I. 16 zu den Angestellten i. S. des § 395 gehörten, bis zum Ende des Kalenderjahrs, das dem Jahre folgt, in welchem der Krieg beendet ist, d. i. voraussichtlich bis zum 31. XII. 20, verlängert worden.

§ 398. Bis zum 31. XII. 27 haben die Angehörigen von Versicherten, die ohne Anspruch auf Leistungen sterben, Anspruch auf Rückersatz der entrichteten Beiträge; der Antrag hierauf ist binnen einem Jahre nach dem Tode des Versicherten zu stellen. Für die Angehörigen eines Versicherten, der als Angehöriger der bewaffneten Macht des Deutschen Reichs oder eines mit ihm verbündeten oder befreundeten Staates an dem gegenwärtigen Kriege teilgenommen hat (§ 15 BGB.), während dieser Teilnahme verstorben war oder während der Teilnahme an dem Kriege vermißt gewesen und dessen Tod nachträglich festgestellt worden ist, beginnt die Frist für die Geltendmachung des Erstattungsanspruchs mit dem Schlusse des Kalenderjahrs, in welchem der Krieg beendet ist, d. i. voraussichtlich mit dem 31. XII 20.

Dies gilt entsprechend für Versicherte, die nicht zur bewaffneten Macht gehörten, wenn sie sich bei ihr aufgehalten haben oder ihr gefolgt sind oder wenn sie in die Gewalt des Feindes geraten sind.

Ist der Berechtigte innerhalb der bestimmten Frist infolge von Kriegsverhältnissen verhindert gewesen, den Erstattungsanspruch geltend zu machen, so gilt der Anspruch als rechtzeitig erhoben, wenn er vor dem Ablauf von drei Monaten nach dem Wegfall des Hindernisses geltend gemacht worden ist.

Wird nachgewiesen, daß ein Versicherter, der als verschollen galt, noch lebt, so braucht die RfA. die zu Unrecht erstatteten Beiträge nicht zurückzufordern (§§ 1 bis 3 Bek. v. 19. X. 17, RGBl. S. 933).

II. Bek. vom 9. VII. 13 betr. die Ausführung des § 8 AVG. (RGBl. S. 571).

Der Bek. ist durch Bek. v. 4. V. 16 (RGBl. S. 364) folgende Ziff. 3 angefügt worden:

„Versicherungsfrei bleiben Dienstleistungen von Angestellten, die bei Stellenlosigkeit in gemeinnützigen Schreibstuben oder in Verpflegungsstationen oder ähnlichen Wohltätigkeitsanstalten während eines verhältnismäßig geringen Zeitraums des Kalenderjahrs beschäftigt werden, auch wenn eine Geldentschädigung gewährt wird.“

III. Verordnung vom 21. VI. 13 über Geschäftsgang und Verfahren der Schiedsgerichte für Angestelltenversicherung (RGBl. S. 329).

§ 30. Die Entscheidung des Schiedsgerichts ergeht innerhalb der erhobenen Ansprüche. Eine Abgabe der Streitsache an das Oberschiedsgericht bei ausgeschlossener Revision war in Spruchsachen bisher nur bei Abweichung von einer amtlich veröffentlichten grundsätzlichen Entscheidung des OSchG. vorgesehen (§ 280 AVG.). Durch Ziff. 1 der VO. vom 13. I. 19 (RGBl. S. 42) wird nunmehr die Abgabe auch dann vorgeschrieben, wenn es sich um eine vom OSchG. noch nicht festgestellte Auslegung gesetzlicher Bestimmungen handelt. Das SchG. hat bei der Abgabe seine Rechtsauffassung zu begründen. Das OSchG. entscheidet dann an Stelle des SchG. Von der Abgabe der Sache sind die RfA. und die anderen Beteiligten zu verständigen.

§ 52. Dieselbe Bestimmung wurde durch Ziff. II der VO. v. 13. I. 19 (RGBl. S. 42) nunmehr auch für das Beschlußverfahren vor dem SchG. getroffen.

GPSR Compliance

The European Union's (EU) General Product Safety Regulation (GPSR) is a set of rules that requires consumer products to be safe and our obligations to ensure this.

If you have any concerns about our products, you can contact us on ProductSafety@springernature.com

In case Publisher is established outside the EU, the EU authorized representative is:

Springer Nature Customer Service Center GmbH
Europaplatz 3
69115 Heidelberg, Germany

Batch number: 10844623

Printed by Printforce, the Netherlands